# 명상과 만나다
선지식·지성인과의 만남

동국대학교 불교학술원 종학연구소 엮음

2023 서울국제명상엑스포
Seoul International Meditation Expo
'선지식·지성인과의 만남' 강연집

# 명상과 만나다
## 선지식·지성인과의 만남

동국대학교 불교학술원 종학연구소 엮음

편집자 주

이 책은 '2023 서울국제명상엑스포' – 선지식·지성인과의 만남에서 강연한 17명의 강의 녹취를 글로 옮긴 것입니다. 대중 강연의 특성상 현장감이 다소 포함되어 있으나 가능한 글로 읽기 좋도록 윤문했습니다. 그리고 각 강연자의 현장 강의는 유튜브로 볼 수 있도록 QR코드를 넣었습니다.

# 발간사

빠르게 변화하는 첨단기술의 발전과 하루도 쉬지 않고 쏟아지는 정보의 홍수 등으로 과도한 스트레스와 이로 인한 정신적·육체적 병증으로 많은 사람들이 고통 받고 있습니다.

이러한 환경 속에서 명상은 심리·정서적으로 안정감을 주고 평온함을 찾을 수 있는 대안으로 전 세계에서 각광 받고 있습니다. 나아가 종교라는 울타리를 넘어 행복한 삶을 위한 개개인의 중요한 정신건강 도구로 대두되고 있습니다.

이에 지난해 10월, '2023 서울국제명상엑스포' 중에 '선지식·지성인과의 만남'이라는 주제로 일반인들이 평소 만나기 어려운 큰스님들과 명상 전문 지도자들의 강의를 직접 들을 수 있는 현장 강연이 열려 참가자들의 뜨거운 호응과 관심을 불러일으켰습니다. 그리고 열화와 같은 요청으로 강연 내용을 이렇게 다시 책으로 발간하게 되어 감개무량한 마음 금할 수 없습니다.

'명상과 만나다-선지식·지성인과의 만남'은 한국 불교명상을 이끌고 있는 선지식과 지성인 열일곱 분이 릴레이로 진행한 명상 강연 내용을 한 권으로 엮어낸 뜻 깊은 결과물로, 부처님의 가르침에 입각한 불교정통의 명상법과 이를 활용한 현대명상법까지 한눈에 접할 수 있도록 준비하였습니다.

평소에 관심은 있지만 명상이 조금은 어렵고 낯설게 느껴져 선뜻 접하지 못했던 분들도 선명상의 진면목과 더불어 일상 속에서도 쉽게 따라할 수 있는 대중적 명상법까지 만날 수 있을 것입니다.

명상을 사랑하시는 많은 분들에게 도움이 될 수 있기를 바라며, 여러분 삶의 여정에 명상을 통한 행복한 변화가 가득하시길 바랍니다.

2024년 2월
2023 서울국제명상엑스포 운영위원장
정도 합장

# 차례

발간사 · 5

## 01 | 왜 명상인가

- 011 · 명상으로 소통하는 삶 _돈관스님
- 025 · 행복한 삶을 위한 명상 _지원스님
- 039 · 마음공부는 어떻게 해야 하는가 _정도스님

## 02 | 내 삶을 바꾸는 명상

- 053 · 불안을 극복하는 방법 _인경스님
- 065 · 붓다의 길 치유의 길 _하림스님
- 079 · 지금 이 순간 나의 행동, 말, 생각은 나의 미래가 된다 _마가스님
- 095 · 일상 스트레스 관리하기 _서광스님

## 03 | 참나를 찾는 선 명상

- 109 • 몸과 마음의 단련, 그리고 극복과 초월_혜거스님
- 125 • Just do it 다만 할 뿐_주경스님
- 143 • 바른 믿음, 바른 앎, 바른 실천_무각스님

## 04 | 행복해지는 일상 명상

- 159 • 자비경선慈悲鏡禪 걷기명상_지운스님
- 177 • 행불명상_월호스님
- 191 • 자기를 알고 '참나'로 사는 법_용수스님

## 05 | 일상에서의 응용 명상

- 207 • 시를 통한 마음 바라보기_윤재웅
- 221 • 행복과 지혜를 기르는 자애통찰명상_김재성
- 237 • 명상과 정신건강_최훈동
- 255 • 마음챙김은 관계성에 대한 것입니다_안희영

# 01

## 왜 명상인가

명상으로 소통하는 삶
행복한 삶을 위한 명상
마음공부는 어떻게 해야 하는가

# 명상으로
# 소통하는 삶

### 돈관스님

학교법인 동국대학교 이사장과 건학위원회 위원장이다. 법호는 운곡(雲谷). 상월결사 대학생전법위원장과 학교법인 능인학원 이사, 동국대 석림동문회장이다. 학교법인 동곡학원 이사장과 조계종 제10교구본사 은해사 주지 및 전국교구본사주지협의회 회장을 역임했고, 대구불교방송 사장과 문화재청 문화재위원으로도 활동했다. 저서로 『진리와 지혜의 나눔』 『불교를 알고 싶어요』 등이 있다.

 * 2023 서울국제명상엑스포 '선지식·지성인과의 만남'의 **돈관스님** 영상을 ▶YouTube로 볼 수 있습니다.

　참으로 아름다운 나라, 이곳 대한민국에서 마주한 인연에 감사합니다. 산사에 있다 보니 우리 산천의 아름다움을 더 크게 느낍니다. 울창한 나무들이 계절마다 자연의 성성한 기운을 전하고 아름다운 꽃들이 사시사철 피어나죠. 제가 오래도록 주지 소임을 지낸 은해사 길목에는 울창한 송림이 가득하고 그 주변으로는 은빛 바다가 물결칩니다. 봄에는 진달래, 여름에는 장미, 가을에는 국화, 겨울에는 매화가 가득합니다. 이렇게 좋은 곳에서 부처님의 가르침에 따라 사는 삶이 얼마나 감사한지 모르겠습니다. 모든 이들이 이렇듯 각자의 삶에서 감사함과 행복을 찾을 수 있다면 참 좋겠습니다.
　일상의 삶에서 감사와 행복을 쉽게 찾는 데는 명상이 생각보다 큰 도움이 됩니다. 그래서 오늘 여러분께는 전문적인 명상보다는 그동안 제가 생활 가운데 명상을 하면서, 그리고 그 속에서 느꼈던 바를 통해 우리가 왜 명상을 해야 하는지, 명상이 우리의 삶에 어떤 도움을 줄 수 있는 지를 알려드릴까 합니다.

　여러분, 이 세상에 근심 없는 곳이 있을까요? 하늘 아래 걱정이 없는 분은 아마 없겠죠. 그중에서도 근심 걱정이 제일 많은 분이 있는데, 누구일까요? '부처님'이라고 대답하실 분도 있겠지만, 현실적으로 가장 근심 걱정이 많으신 분은 바로 염라대왕이 아닐까

싶어요. 중생들이 죽은 후 염라대왕 앞에 가면 대부분 억울함부터 토로할 테니까요. 생전 지은 죄를 떠올리고 참회하기보다는 "원통하고 억울하다"며 따지는 분들이 더 많지 않겠어요? 그럼에도 염라대왕은 선악의 과보에 따라 지옥, 아귀, 축생, 수라, 인간계, 천상으로 이들을 분류해 보내야 하니 얼마나 근심이 많으시겠어요.

어느 날, 염라대왕이 감기에 걸려 재채기를 하다가 그 앞에 있던 촛불 세 개가 꺼졌다고 해요. 촛불 하나하나는 살아있는 우리들 목숨입니다. 그런데 염라대왕의 재채기 때문에 한창 나이의 세 사람이 죽어서 온 거예요. 억울하기 짝이 없는 그들이 당연히 염라대왕에게 "나는 아직 죽을 때도 안됐고, 죄를 많이 지은 것도 아닌데 왜 불렀냐?"하고 따졌겠지요.

염라대왕이 고민을 하다가 "세상에 다시 보내줄테니 소원을 말해보라"고 했답니다. 그랬더니 한 청년은 아주 부잣집에 태어나고 싶다고 했고, 다른 젊은이는 멋진 모습으로 태어나게 해달라고 하는데 마지막 한 청년은 아무 말도 하지 않았대요. 염라대왕이 "너는 왜 소원을 말하지 않느냐"고 물었더니, "저는 부자도 싫고, 잘 나고 예쁜 것도 싫고, 원하는 것은 단 한 가지, 근심과 걱정이 없는 곳으로 보내주세요."라고 말했답니다.

과연 근심, 걱정이 없는 곳은 어디일까요?

이 세상은 사바세계입니다. 사바세계란 모래밭이란 뜻이죠. 모래밭은 밟으면 밟을수록 발이 빠집니다. 마치 모래밭과 같이 살아갈수록 근심과 걱정이 더 많아지는 곳이 이 세상이에요. 그래서 부처님께서는 인간은 태어나는 순간부터 고통스러운 것이라고 말씀하셨습니다.

이 세상은 고통의 바다입니다. 태어나는 것도 고통이요, 늙고 병들고 죽는 것도 고통이지요. 거기에다가 사랑하는 사람과는 헤어져서 괴로운 애별리고愛別離苦가 있고, 싫어하는 것들과는 만나야 하는 원증회고怨憎會苦, 원하는 것은 구하지 못하는 구부득고求不得苦, 그리고 오온에 대한 집착으로 생기는 오음성고五陰盛苦의 여덟 가지 고통까지 있습니다. 또 좋아하는 사람과 결국 헤어져야 하는 고통, 미운 사람을 계속 보며 살아야 하는 고통, 안이비설신의眼耳鼻舌身意가 색성향미촉법色聲香味觸法을 만나서 잠시도 쉬지 않고 생겨나는 고통, 그리고 갖고 싶은 것을 다 가질 수 없는 영원한 불만족도 모두가 고통이지요.

우리들 눈으로 보고, 귀로 듣는 모든 것들이 다 걱정과 근심, 번뇌를 일으킵니다. 걱정은 나이가 들수록 더 많아진다는 말도 나이가 들면 생각하지 않아도 될 것도 미리 걱정하고 근심하기 때문이겠지요. 미처 비가 오지도 않은 선에 비로 인한 피해를 걱정하는 것처럼 말입니다. 불안과 공포는 점점 심해지는데 감정과 분노가 조절되지 않으니, 고통에 시달리게 될 수밖에 없습니다.

이러한 고통의 근본적인 원인은 무엇일까요? 바로 우리 마음속에 깊이 뿌리박혀 있는 욕심貪과 성냄瞋과 어리석음癡이라는 삼독심三毒心입니다. 우리가 고통에서 벗어나기 위해서는 먼저 고통의 원인이 우리 안에 있음을 알고 살펴야 합니다. 세상의 이치를 깨닫지 못하는 상태를 무명無明이라고 하니, 우리는 모두 무명으로 인해 고통의 바다에 빠져있는 셈이지요.

그렇다면 고해, 이 고통의 바다에서 벗어나기 위해 우리는 무엇을 해야 할까요. 기본적으로 팔정도를 행해야 합니다. 팔정도란 정견正見, 정사유正思惟, 정어正語, 정업正業, 정명正命, 정정진正精進, 정념正念, 정정正定을 말합니다.

정견正見은 바른 세계관과 인생관으로 인연과 사제에 관한 지혜입니다. 정사유正思惟는 바른 인식으로 생각하는 것, 정어正語는 바른말을 하는 것, 정업正業은 악업을 짓지 않는 것, 정명正命은 바른 생활을 하는 것, 정정진正精進은 바른 노력, 정념正念은 바른 마음챙김을 말합니다. 그리고 팔정도의 마지막인 정정正定은 바른 삼매에 드는 것으로, 요즘 말로는 '명상'이라 할 수 있습니다.

정정正定, 즉 바른 삼매에 들기 위해서는 마음의 동요와 망상을 멈추는 지止와 대상을 바르게 관찰하는 올바른 집중觀이 필요합니다. 지 수행은 마음의 동요를 누르고 본원의 마음자리에 계합하여 마음이 고요하고 적정해진 상태를 의미합니다. 관 수행은 고요하고 안정된 상태에서 있는 그대로의 제법의 실상實相을 올바르게 관찰하는 것입니다. 지와 관은 서로 불가분의 관계로, 명상을 할 때 반드시 필요한 덕목입니다. 그렇기에 지관止觀 수행은 부처님께서 가르쳐주신 이래 소승불교, 대승불교 등에서 여러 방법으로 전승되어 현재까지 불교 수행의 근본이 되고 있습니다.

지관 수행의 목적은 분명합니다. '무상無相·공空·무아無我'를 체득하고, 번뇌와 집착을 소멸하여 중도의 진리 속에서 언제 어디서나 행복하고 편안한 삶을 이루고, 마침내 모든 고통이 끊어져 다시는 윤회하지 않는 열반에 이르는 것이죠. 이 모든 것은 바른 견해인 정견正見으로부터 출발합니다. 우리가 정견을 바탕으로 지관 수행을 할 때 비로소 걱정과 근심, 모든 고통에서 벗어날 수 있습니다.

수행법에는 단계적으로 꾸준히 진리를 체득하는 방법도 있고, 한순간에 자성自性을 보아 깨닫는 방법도 있으니 각자의 근기에 맞게 하면 됩니다. 이렇듯 불교는 부처님으로부터 제불보살, 조사, 선사들에 이르기까지 중생들 수준에 맞는 다양한 수행법을 펼쳐 모든 사람들을 해탈의 길로 이끌고 있습니다.

그중에서도 특히 지와 관을 기반으로 하는 명상은 현대인들에게 크게 도움이 됩니다. 빠르게 변화하는 현대사회에서 나를 온전히 알고 이해함으로써 타인을 더 잘 이해할 수 있도록 하기 때문이죠.

우리가 살아가는 21세기는 과학기술의 급속한 발달로 초고속 인터넷에 기반한 첨단 디지털 정보화 세상입니다. 엄청난 양의 지식과 정보가 매일 넘쳐나며, 최첨단 네트워크의 발달로 사람들도 언제 어디서나 다양한 방식으로 소통하고 있습니다. 사람은 사회적 동물이기 때문에 누구나 남들과 대화하며 소통하고자 하는 본능을 가지고 있죠. 그런데 참 이상합니다. 이렇게 연결이 잘 되는 세상에서 인간은 왜 점점 더 외롭고 고독해질까요? 왜 인간소외 현상이 사회문제로 대두될 만큼 확산되고 있는 걸까요?

저는 그에 대한 원인이 바로 '진정한 소통의 부재'에 있다고 봅니다. 자신의 마음이나 감정을 들여다보지 못하는 사람은 타인의 마음과 감정도 이해하지 못합니다. 모든 사람들이 행복한 소통을 꿈꾸지만, 자기만의 고집과 아만에 사로잡혀 있는 상태에선 제대로 소통할 수 없겠지요. 진정한 소통이 이뤄지지 않으면 소통을 할수록 나도 괴롭고 남도 괴롭히는 결과를 낳을 수밖에 없습니다. 나의 마음도 모르는데 남의 마음을 어떻게 알겠습니까?

제대로 된 소통을 위해서는 먼저 자기 내면과의 소통부터 시작해야 합니다. 보통 사람들은 바깥일에만 관심이 많지 나의 내면에서 일어나는 불통에 대해서는 의식조차 하지 못한 채 살아가는 경우가 많습니다. 나를 알기 위해서는 지금 내 속에선 어떤 생각들이 일어나는지, 지금 내가 느끼는 감정들은 무엇인지, 또 지금 내 몸 상태는 어떠한지를 정확하고 확실하게 알아차리는 것이 매우 중요합니다. 이렇게 자신의 생각과 감정을 올바로 알아차리는 사람은 타인과 소통을 할 때도 바른 생각과 바른 인식으로 대하게 됩니다. 자기 자신을 잘 아는 사람은 남의 생각과 고통도 잘 이해하기 때문에 항상 너그럽고 따뜻한 자비와 사랑의 마음으로 세상을 바라보고 사람들을 대하게 됩니다. 분노와 다툼 등이 저절로 사라져 편안하고 행복한 삶을 살게 되는 것이죠.

자비慈悲란 나와 남을 사랑하며 불쌍히 여기는 마음을 말합니다. 나와 마찬가지로 남들 역시 내면의 고통이 있음을 아는 사람은 이를 불쌍히 여기는 자비와 연민의 마음이 저절로 일어나게 됩니다. 그러나 바른 수행을 하지 않고 탐욕과 이기심으로 가득 찬 마음을 가진 사람은 입으로는 아무리 좋은 말을 주고받더라도 진정한 행복과 평화를 얻지 못합니다.

즉 명상을 통해 자신을 발견하고 이해하여 진정한 평화를 얻은 사람만이 일체중생들이 고통에서 벗어나기를 바라며 모든 존재들의 참행복을 바라게 됩니다. 나아가 괴로움을 겪고 있는 사람들과 함께 아파하면서 그들을 치유하기 위한 적극적인 이타행을 실천하게 됩니다. 바로 부처님께서 가르쳐주신 측은지심惻隱之心, 자리이타自利利他의 삶을 살아가는 것이죠.

'내가 곧 부처요, 일체가 곧 법'이라는 불이不二의 참된 자각도 바로 '명상'을 통해 드러나게 됩니다. 이런 수행을 하는 사람들이야말로 중생과 부처, 지혜와 자비가 둘이 아닌 것을 아는 지혜로운 사람이며, 진정으로 세상과 잘 소통하는 사람들입니다. 명상은 출가한 스님들만 하는 게 아닙니다. 이 세상을 살아가는 누구나 일상생활 중에 선 수행과 명상을 할 수 있으며, 이를 통해 더 나은 삶을 살 수 있습니다. 왜냐하면 명상을 통해 걱정과 근심을 내려놓고 나 자신을 찾아 편안해지는 것이야말로 곧 나의 행복과 직결되기 때문입니다. 세상의 고통에서 벗어나, 언제 어디서나 내가 곧바로 행복해질 수 있는 비법이 바로 불교 명상에 있습니다.

흔히 사람으로 태어나기 힘들고人身難得, 사람으로 태어나도 부처님 법 만나기가 힘들고佛法難逢, 좋은 인연 만나기는 더욱 힘들다好人難遇고 했습니다. 『잡아함경』에서는 맹구우목盲龜遇木과 조갑상토爪甲上土의 비유를 들어서 사람이 이 세상에 태어나기가 얼마나 힘든지를 일러주셨습니다.

맹구우목盲龜遇木이란 눈먼 거북이가 바다 한 가운데에서 나무판자를 만난다는 뜻입니다. 부처님께서는 "사람이 죽고 다시 태어날 때 인간의 몸을 받을 확률은 수명이 무량겁인 눈먼 거북이가 바다 속에서 헤엄치다가 백년에 한 번 물 위로 올라오는 데 그때 우연히 그곳을 떠다니던 나무판자의 뚫린 구멍에 목이 낄 확률보다 작다."고 하셨습니다. 사람으로 태어나기가 그만큼 힘들다는 의미죠.

조갑상토爪甲上土는 손톱 위의 흙이란 뜻입니다. 하루는 부처님께서 손톱 위에 흙을 올리시고는 제자들에게 손톱 위의 흙과 대지의 흙 중에서 어느 것이 더 많은지 물으셨습니다. 제자들은 당연히 "대지의 흙이 많다."고 답했지요. 그러자 부처님께서는 "사람으로 살다가 다시 인간계나 천상에 태어나는 자는 손톱 위의 흙과 같이 적고, 아귀나 축생, 지옥 등으로 태어나는 자는 저 대지의 흙과 같이 많다."고 하셨습니다. 정말 인신난득人身難得이 아닐 수 없지요. 인간으로 태어나는 것도 힘들지만, 인간으로 태어난 지금 이곳에서 제대로 살지 않는다면 다시 인간으로 태어나기가 얼마나 더 어려운지를 알려주신 것입니다.

이런 이치를 알고도 어떻게 이번 생을 함부로 살 수 있겠습니까? 하물며 불법난봉佛法難逢이라, 부처님 법 만나기는 사선천四禪天에서 바늘 하나를 떨어뜨려서 지구에 있는 제일 작은 겨자씨에 꽂히는 것만큼이나 만나기 어렵다고 했습니다. 그렇게 보면 여러분은 이번 생에 인간으로 태어나 그 어렵다는 불법佛法을 만나고, 여러 선지식들로부터 명상에 대한 가르침을 배우고 있습니다. 참으로 귀한 인연이고 한량없는 복이 아닙니까? 이 역시 여러분들이 세세생생 지난 세월에 부처님의 진리의 정법을 수지하면서 좋은 인연을 지어왔기 때문일 것입니다.

그러나 아무리 많이 듣고 많이 알아도 스스로 수행하고 체험하지 않으면 안 됩니다. 자기가 직접 체험하지 않는 건 알음알이만 될 뿐 아무 소용이 없기 때문이지요. 진정한 변화는 내면의 변화에서부터 시작됩니다. 내면의 변화는 참된 나를 만나고, 스스로 번뇌와 악을 치유함으로써 이루어질 수 있죠. 바로 명상입니다.

요즘 전 세계적으로 명상이 유행하고 있습니다. 한때는 과학과는 거리가 먼 것으로 여겨졌지만, 이제는 서양의 실리콘밸리를 시작으로 세계 유수의 기업에서도 직원들이 명상을 필수적으로 한다고들 합니다. 왜 그럴까요? 명상을 하면 그저 자기 내면의 변화로만 그치는 것이 아니라 주변에 있는 가족과 친구, 직장 동료들을 올바르게 볼 수 있어 더 잘 이해하고 공감할 수 있게 되기 때문입니다.

나의 변화는 나를 넘어 세상을 변하게 합니다. 내가 변해야 내 주변 사람도 변하고 세상도 변하게 됩니다. 자신은 변하지 않고 남의 탓만 하면서 남을 괴롭히는 사람은 결국 사람들로부터 소외되어 더욱 외롭고 괴로워집니다. 여기서 벗어날 수 있는 유일한 길은 온갖 탐욕과 번뇌를 내려놓고 나의 내면을 깊이 돌아보면서 나와의 진정한 소통부터 시작하는 명상에 있습니다.

시대의 변화 과정에서 종교가 가장 먼저 사라질 것이란 학자들의 예측이 있습니다. 그러나 우리 불교는 다른 종교와는 근본적으로 다릅니다. 신을 맹목적으로 믿고 의지해서 자신을 통째로 맡기는 그런 수준의 종교가 아니기 때문이지요.

불교는 '자등명 법등명自燈明 法燈明'의 종교입니다. 남을 의지처로 삼지 말고 자신과 진리에 의지하여 스스로 깨달음을 이룰 것을 가르칩니다. 불교의 진리는 불교라는 이름의 종교가 있든 말든 늘 존재하는 영원한 이 세상 최고의 이법理法입니다. 그러므로 비록 불교의 모습은 현대화되면서 변할지라도 결코 불교의 진리는 사라지지 않을 것입니다.

    일상생활 속에서도 언제 어디서나 꾸준히 명상을 하셔서 내면의 평화와 기쁨을 가득 채워 보세요. 명상을 통해 소중한 가족과 이웃, 주변 사람들과도 늘 따뜻하게 소통하면서 날마다 즐겁고 행복하시길 바랍니다.

# 행복한 삶을
# 위한 명상

### 지원스님

육지장사 회주로 주석하고 있다. 동국대학교 객원교수 및 동국학원 이사를 역임했고, 대한불교조계종 법계위원이자 9대·14대·15대 종회의원을 지냈다. 백담사 무문관 3안거를 성만했으며, 1980년 조선일보 신춘문예를 통해 등단한 시인이다.

저서로는 시집 『장명등』, 서간문집 『마음이 열리면 천당도 보이지요』, 『지원스님 100세 건강법』, 『손으로 쓰고 마음으로 그리는 지장기도』, 『無門關 해설』, 『선다일미禪茶一味』 등이 있다.

 * 2023 서울국제명상엑스포 '선지식·지성인과의 만남'의
**지원스님** 영상을 ▶YouTube로 볼 수 있습니다.

 옷깃 한 번 스쳐도 전생에 500겁의 인연이 있어야 한다고 합니다. 명상이라는 귀한 인연으로 여러분을 만났음에 새삼 감사하면서 함께 '행복한 삶을 위한 명상'의 세계로 떠나보겠습니다. 딱딱한 이론보다는 일상생활에서도 언제든 할 수 있는 명상이 좋겠지요. 제가 명상을 체험하면서 알게 된 핵심 내용 네 가지를 중심으로 말씀드리고자 합니다. 명상을 통해 하루하루 건강하고 행복하고 풍요로운 삶을 만들어 가시길 바랍니다.

 첫째, 명상은 감정을 다스릴 수 있는 지름길이다.
 둘째, 명상은 날마다 해야 하는 마음의 운동이다.
 셋째, 명상은 내 몸과 마음에 좋은 습관을 만든다.
 넷째, 일상생활 속에서의 명상은 현재를 완전히 살아가는 길이다.

 이 네 가지가 제가 명상을 통해 느끼고 확신한 내용입니다.
 첫 번째, 명상은 감정을 다스릴 수 있는 지름길입니다. 여러분, 감정이란 무엇일까요? 감정은 눈·귀·코·혀·몸 그리고 생각이 바깥 경계와 접촉하면서 발생합니다. 눈의 대상이 되는 모양, 귀의 대상인 소리, 코의 대상인 향기, 몸의 대상인 감촉, 생각의 작용인 사상에 의해서 일어나게 된 것으로 이 여섯 경계에서 좋고 싫은 감정이 일어납니다. 이 중 싫은 감정은 미움이라는 감정으로 점점 커지고 어느 순간에는 혐오를 넘어서 증오와 분노로 폭발해 때로는 타인을 해치는 결과로 이어지기도 합니다. 이러한 감정을 다스리는 방법이 바로 명상입니다.

감정을 다스리기 위해서는 먼저 마음의 속성부터 알아야 합니다. 마음이라는 것은 인연따라 여러 가지로 움직이며 변화합니다. 잠시도 멈추어있지 않고 변화하기 때문에 마음을 아무리 붙잡아 매려 해도 절대로 잡아 둘 수가 없는 것입니다. 마음을 고요하고 편안하게 만든다는 것도 생각일 뿐이며, 완벽하게 고요하고 평안한 마음 그 자체가 될 수는 없습니다. 계속 변화하는 마음을 편안하게 하려면 근본적으로 분별심을 버려야만 합니다.

그렇다면 분별심이란 무엇일까요? 우리는 잘 먹고 잘 살기 위해, 또 즐겁고 행복해지기 위해서 돈도 벌고 취미생활도 하고 신앙생활을 합니다. 그러나 아무리 노력해도 내 의지와는 상관없이 하루에도 몇 번씩 고통스러운 일들을 맞이하게 되지요. 흔히들 인간은 감정의 동물이라고 합니다. 감정의 종류는 다양하지만 그중에서도 좋아하고 싫어하는 감정, 사랑하고 미워하는 감정은 지극히 보편적인 감정입니다. 하루에도 수백 번 넘게 좋아하고 싫어하는 마음과 사랑하고 미워하는 감정들이 오고갑니다. 이러한 감정을 바로 분별심이라고 합니다. 분별심 속에서 자기의 기준을 세워 놓고 모든 것을 바라보니 고통과 괴로움이 생길 수밖에 없는 것입니다. 우리는 이렇게 분별과 차별, 옳고 그름의 시시비비를 떠나지 못한 채 그 속에서 살아가고 있습니다.

행복에 대한 정의는 저마다 다릅니다. 어떤 이는 돈이 많은 것이 행복이고, 어떤 이는 승진을 하고 사회적으로 인정받는 것이 행복이고, 또 어떤 이는 가정의 평화가 행복일 것입니다. 그러나 마음에 드는 것은 받아들이고 마음에 들지 않는 것은 배척하는 마음이 있는 한 여전히 괴롭고 고통스러운 것입니다. 마음은 시시각각 변하는 속성을 가지고 있기에 좋거나 싫은 마음도 영원한 것이 아닙니다. 마음에 들어 선택해도 그것은 잠시뿐입니다.

그럼에도 우리는 일상생활에서 끊임없이 좋거나 싫은 마음으로 선택을 반복하는 생활과 그러한 사회구조에 익숙해진 채 살고 있습니다. 분별하는 마음을 버리고 이 감정을 다스릴 줄 알아야 만병의 근원인 스트레스로부터 벗어날 수가 있습니다.

분별심, 즉 감정은 우리 몸의 자율신경계와 면역체계와도 직결되어 있습니다. 자율신경계에는 교감신경과 부교감신경이 있는데 감정의 기복이 심하면 스트레스를 받게 되고, 교감신경이 상승해 면역체계가 무너져 버립니다.

내 몸 속의 혈액을 구성하는 성분인 백혈구는 면역시스템을 담당하는 중심적 존재입니다. 백혈구의 과립구가 35~41%, 림프구가 54~41%를 차지하고 있으면 정상이라고 합니다. 차와 호흡명상은 자율신경의 연동인 부교감신경을 작용해서 항체인 과립구와 림프구 수를 증가시킵니다. 과립구와 림프구 수가 증가하면 내 몸의 면역시스템이 강화되어 암세포 등에 대응할 수 있는 힘도 강해지겠지요. 평소 차를 잘 알고 마시고 호흡명상만 잘해도 림프구 수가 증가하기 때문에 건강에도 실질적으로 도움이 될 수 있다는 말입니다.

마음의 안정은 몸의 평안에 직접적인 영향을 주고, 몸의 평안은 마음의 안정을 가져다줍니다. 몸과 마음은 둘이지만 둘이 아닌 관계입니다. 아무리 강한 정신력을 지니고 있다고 해도 몸이 한계에 이르면 마음은 몸을 따르고 맙니다. 몸이 죽어버리면 마음도 작용을 멈추게 되며, 마음이 없어지면 살아있는 시체와 같은 상태가 되어버립니다.

선禪에서도 신심일여身心一如라 하여 몸과 마음이 하나임을 견지하고 있습니다. 신심일여란 바로 내 몸과 마음의 평형을 맞추고 안정을 추구하는 것입니다. 인간이 인간인 이유는 스스로 자기 마음을 마음으로 깨칠 수 있기 때문이지요. 몸의 단련을 통해 마음이 가다듬어지면 그 마음으로 다시 몸을 추스를 수 있습니다. 따라서 몸과 마음의 수련은 개별적일 수가 없습니다. 몸을 잘 단련하는 것도 마음을 제대로 가다듬지 않고서는 불가능합니다. 몸이 제대로 작용하지 않고서는 마음이 다스려지지 않습니다.

깨달음의 경지는 자유자재하고 평화로운 마음 상태입니다. 평화로운 마음 상태를 유지하기 위해서는 모름지기 진리에 어긋나는 잘못된 생각인 망견見解을 쉬어야만 합니다. 그럼에도 우리는 즐거움과 괴로움에만 집착하기에 고통 또한 지속적으로 생겨날 수밖에 없지요. 아무리 좋은 것도 좋은 만큼 나쁜 것을 만들어내고, 나쁜 것도 또한 그만큼의 좋은 것을 만들어낸다는 이치를 알아야 합니다.

이것을 기억한다면 일희일비一喜一悲할 것이 없습니다. 하나를 선택하면 다른 반대의 하나가 생기기 때문입니다. 결국 좋고 싫음의 분별심을 없애는 것이 곧 불교의 가르침이요, 명상으로 하는 알아차림 수행입니다. 지금 눈앞에 나타나는 모든 일은 모두가 내 업의 그림자라는 것을 잊지 말고, 언제 어디서나 안이비설신의 眼耳鼻舌身意 육근六根에 의해 일어난 감정에 이끌려 분별심을 내지 않는 것이야말로 진정한 명상임을 잊지 마시기 바랍니다.

두 번째, 명상은 마음의 운동입니다. 현대인들은 건강을 위해 시간을 내어 체육관에 가서 몸을 단련합니다. 열심히 운동을 하면 근육이 길러져서 건강에 좋기 때문이지요. 이와 마찬가지로 우리의 마음근육도 튼튼하게 단련해야 합니다.

명상은 우리의 마음과 몸을 동시에 강건하게 만들어 주는 가장 좋은 '마음운동'입니다. 명상이라는 마음운동을 하면 신체적 힘과 더불어 정신능력도 무한하게 개발됩니다. 명상을 매일 규칙적으로 하게 되면 마음이 차분해지고 몸도 편안해져 여러 질병을 이겨내는 힘이 강해지며, 특히 통찰력이 예리해져서 집중력과 창의성이 증가한다는 연구 결과도 있습니다.

이것은 우리가 웨이트 트레이닝을 할 때 아령의 무게에 따라 근육이 더욱 발달하고 강해지는 것과 다르지 않습니다. 훈련을 한 만큼 통찰력과 집중력, 창의성의 근육이 점점 더 강해집니다. 그 결과로 뜨거운 열정과 신념, 그리고 굳은 의지가 생겨나 두려움이 없어집니다.

우리의 몸은 단순히 '몸' 그 자체로 움직이는 것이 아닙니다. 내 몸은 내 마음이 지시하는 대로 움직입니다. 따라서 몸의 주인은 바로 '마음'입니다. 그러므로 마음의 근육이 강하고 튼튼한 사람은 마음의 근육이 약한 사람보다 훨씬 더 건강하고 지혜롭고 강인합니다.

그렇다면 마음운동 명상은 어떻게 시작하면 좋을까요. 가장 먼저 '나의 몸은 어떤 물리적 법칙에 의하여 움직이는 것이 아니라, 오직 내 마음이 조정하는 대로만 움직인다.'는 것을 알아야 합니다. 그리고 매일매일 꾸준하게 마음의 근육을 키우는 마음운동, 즉 명상을 해야 합니다. 자신의 마음을 강건하게 하는 마음명상을 꾸준하게, 또 집중적으로 하게 되면 마음의 근육이 크게 자라게 됩니다. 마음의 근육이 커질수록 나는 담대하고 강인하고 지혜로워집니다.

내 몸은 바로 내 마음이 지배합니다. 그러니 모든 생명을 키우고 살리는 우주 공간과 내 속에 잠재되어 있는 무한한 생명력을 자각하면서 감사와 기쁨의 마음으로 언제 어디서나 늘 명상, 즉 마음운동을 하시기 바랍니다.

세 번째, 명상은 몸과 마음에 좋은 습관을 갖게 합니다. 여러분, 인생이란 무엇일까요? 다양한 답변이 예상되지만 단순하게 생각하면 '내 습관이 곧 내 인생'입니다. 우리의 하루는 습관에 의해 시작되고 습관에 의해 마감합니다. 어떤 사람은 아침에 일어나면 체조를 하고, 어떤 사람은 명상을 하고, 어떤 사람은 산책을 합니다. 이러한 습관이 쌓이고 쌓여 그 사람을 만들고, 그 사람의 인생을 만듭니다. 윌리엄 조이스는 "질서를 습관화할 때 우리는 진정으로 흥미로운 분야에 뛰어들어 하나씩 축적해나갈 수 있다."라고 했습니다.

일상의 행위들이 좋은 습관에 의해 이루어진다면 이것보다 더 좋은 나만의 질서는 없을 것입니다. 습관을 따른다는 것은 무의식적으로 행동한다는 뜻이기도 합니다. 우리가 알고 있는 대부분의 훌륭한 지식인과 예술가들이 자신이 정해놓은 규칙을 철저히 지켰습니다. 그것이 몸에 밴 습관이 되었지요. 러시아 클래식 음악의 거장인 차이코프스키는 날씨에 상관없이 매일같이 두 시간씩 산책을 했습니다. 세계적인 베스트셀러 작가 무라카미 하루키는 새벽 4시에 일어나 대여섯 시간 동안 글을 쓰고, 오후에는 달리기나 수영을 합니다. 자기만의 규칙과 질서를 잘 지킴으로써 자신의 마음과 일상을 효과적으로 관리했다고 볼 수 있습니다.

습관은 한 방울의 물을 쉼 없이 떨어뜨려 커다란 항아리를 가득 채우는 것과 같습니다. 따라서 어떤 습관을 갖느냐 하는 것을 매우 중요합니다. 좋은 습관은 성공으로 이끌지만, 나쁜 습관은 실패로 이끌고 가버리기 때문입니다. 명상하는 습관, 남을 배려하는 습관, 정리정돈을 잘 하는 습관 등 좋은 습관을 가진 사람은 자신의 삶을 잘 만들어가고 있는 사람입니다. 하지만 늦게까지 술 마시는 습관, 할 일을 뒤로 미루는 습관, 화를 잘 내는 습관은 성공으로 나아가려는 사람의 발목을 잡습니다.

나쁜 습관 혹은 작은 허물인 것을 알면서도 '이것이 내게 무슨 영향을 미칠까'라는 생각으로 가볍게 여긴다면, 점차 쌓이고 쌓여 나중에는 돌이킬 수 없는 결과를 가져올 수 있습니다. 습관은 스스로가 만든 것이기에 자신을 변화시킬 수 있는 힘을 가지고 있습니다. 좋은 습관은 자신을 더 나은 방향으로, 나쁜 습관은 자신을 나쁜 방향으로 몰고 가겠지요.

우리의 일상을 들여다보면 자신도 모르게 굳어진 습관에 의해 움직이고 있음을 알 수 있습니다. 크고 작은 습관들이 하나, 둘 모여 자신을 이루고 있으며, 그 습관들이 자신의 인생을 엮어가고 있습니다. 스스로도 좋은 습관인지 나쁜 습관인지 알고 있지만, 한 번 굳어진 습관을 변화시키기란 참으로 어렵습니다. 예를 들면 아침 기상시간을 30분 앞당기겠다고 결심하고 그것을 실천에 옮기려면 자신의 에너지를 다 쏟아부어야 가능할 정도로 어렵습니다. 습관은 이토록 사소하지만 무서운 것입니다.

　그럼에도 습관이란 태어날 때부터 몸에 지닌 것이 아니기 때문에 버리고자 한다면 얼마든지 버릴 수가 있습니다. 물론 습관을 바꾸기 위해서는 강한 의지력이 필요합니다. 뇌는 변화를 싫어하기 때문에 바뀌지 않으려고 자신의 뇌를 통제하고 있기 때문입니다. 따라서 통제하고 있는 뇌를 이기기 위해서는 강력한 의지가 필요합니다. 습관은 연속된 마음가짐입니다. 반복된 시간에 의해 만들어진 습관이기에 버리는 데도 시간이 필요합니다. 보통 21일 정도 몸과 마음을 단련하는 명상을 하면 뇌를 설득하여 습관을 바꿀 수 있습니다. 그렇기에 명상하는 습관은 자신의 내면을 정직하게 보여주는 자화상이기도 합니다. 이제 여러분들도 오늘부터 최소한 21일을 지속적으로 명상을 하면서 나의 뇌의 습관을 긍정적이고 행복하게 바꿔 보시기 바랍니다.

　명상을 시작하고 나면 명상이 그 자체로 현재를 완전하게 살아가는 길임을 알 수 있을 것입니다. 명상을 하는 목적은 '지금 이 순간'을 똑바로 알아차리는 데 있습니다. 차를 마시고 명상을 하는 것은 근본적으로 심신心身의 안정을 위해서입니다. 우리의 시간 개념은 과거·현재·미래로 나누어져 있죠. 과거는 이미 지나가 버렸고, 미래는 아직 오지 않았습니다. 우리에게 주어진 시간은 지금 현재 밖에 없습니다. 우리에게 주어진 시간은 오직 '지금 이 순간' 입니다. 과거는 지났고 미래는 가상의 시간이요, 상상의 시간이기 때문입니다. 미래의 시간도 나에게로 오는 순간 현재가 되어버립니다. 그런데도 우리는 지금 이 순간을 사는 것이 아니라 오지도 않은 '다음 순간'을 살고 있습니다. 그러나 기쁜 것도 행복한 것도 '다음 순간'을 위한 것이 아니라, 바로 '지금 이 순간'을 위한 것이 되어야 합니다. 보통 사람들은 늘 과거로 달려가 불쾌한 기억을 끄집어내거나, 미래로 달려가 일어나지도 않은 일에 불안해합니다. 그러나 현명한 사람은 과거에 얽매이지 않고 미래에도 집착하지 않으며 지금 현재를 최선을 다해 사는 사람입니다.

『금강경』에서는 "과거심도 없고 현재심도 없으며 미래심도 없다."고 했습니다. 이것은 오늘 마땅히 해야 할 것을 '지금 열심히 하라'는 의미이지요. 이와 같이 지금 이 순간을 완전하게 살아가는 것이 가장 중요합니다. 어제의 일은 어제에, 오늘의 일은 오늘에, 내일의 일은 내일에 맡겨버리는 것이 좋습니다. 과거와 미래에 집착하는 것은 현실을 왜곡시키며 현실에 대한 불안감과 불만족을 가중시킵니다.

진실로 행복해지고 싶다면 과거의 시간에도 미래의 시간에도 매달리지 말고 여기, '지금 이 순간'을 잘 살아야 합니다. 이 말의 뜻은 내가 어디서 무슨 일을 하든, 그 일을 존중하고 인정하며 현재의 삶에 최선을 다하라는 것입니다. 현재의 일에 집중하다보면 삶의 만족도가 한층 더 상승하고 행복해집니다.

우리는 우리 삶의 주인공이 되어야 합니다. 자신이 발 딛고 있는 그 자리에서 '지금 이 순간'을 사는 것이 주인공으로 사는 길입니다. 나의 삶은 바로 나로부터 시작되며, '바로 지금 여기'에서 이루어지는 것입니다. 그렇기에 명상은 '여기, 지금 이 순간'을 잘 사는 현존의 생활 지혜입니다.

그렇게 보면 부처님 법은 그리 어렵고 특별한 가르침이 아닙니다. 우리 마음이 부처요, 즉심시불卽心是佛임을 아는 길입니다. 단지 분별심만 내려놓으면 됩니다. 반드시 화두에 매일 필요도 없습니다. 번뇌 망상을 다 떨쳐버릴 필요도 없습니다. 지혜로운 사람은 분별과 조작과 시비가 없으나, 어리석은 사람은 분별심과 불안과 근심에 스스로 얽매인 자입니다. 세상을 살면서 무슨 일이 일어나든 그냥 일어나는 대로 물 흘러가듯이 그냥 두면 됩니다. 마음이 곧 법이고, 마음이 부처입니다. 부처님께서는 "스스로 등불로 삼고 법으로 등불을 삼으라."고 하셨습니다. 자등명自燈明 법등명法燈明이니, 항상 매 순간 깨어 자심自心이 청청함을 알아차리기만 하면 됩니다.

깨달음이란 다른 것이 아니라, 내 마음의 속성을 보는 것입니다. 적적요요寂寂寥寥한 가운데서 끊임없이 작용하는 것이 마음이요, 끊임없이 작용하면서 한편으로 적적요요한 것이 바로 이 마음입니다. 마음의 속성을 모르면 고요함과 어지러움이 생기지만, 마음은 인연 따라 움직인다는 것을 잘 알게 되면 '고요하다, 시끄럽다' 분별할 필요가 없고, '좋다, 나쁘다' 할 것도 없습니다. 세상 모든 고통은 진실이 아닌 것을 진실로 짐작한 편견으로 생겨나는 것입니다. 자기의 편견으로 주관을 정해 놓고, 그 일에 집착하기 때문에 시시비비가 생겨 본래의 모습과는 더욱 멀어진다는 것입니다. 그런데도 사람들은 자기가 배우고 익힌 지식과 습관을 기준으로 이익이 되느냐 안 되느냐, 오르냐 그르냐 하는 득실시비得失是非로 살아가고 있습니다.

명상이란 지금 이 순간을 똑바로 보라는 불호령과 같습니다. 모든 분별을 한순간에 내려놓는 명상을 통해 마음의 눈이 깨어나면 자기 기준에 따라서 좋다, 나쁘다, 옳다, 그르다 하는 따위의 판단을 하지 않게 되니 자연히 즐겁고 슬픈 고통의 악몽은 제거되는 것입니다. 여러분들도 명상으로 온전한 행복을 찾으시길 바랍니다.

# 마음공부는
# 어떻게 해야 하는가

정도스님 ───────────────

동국대학교 불교학술원 종학연구소 소장 및 불교학부 교수이다. 2023 서울국제명상 엑스포 운영위원회 위원장으로 행사를 주관하였으며, 한국선학회 회장으로 선수행 문화의 이론적 정립과 후학 양성에 매진하였다. 또 조계종 교육원 교육부장과 통도사 전법회관(정각사) 주지를 역임하였다.

 * 2023 서울국제명상엑스포 '선지식·지성인과의 만남'의 **정도스님** 영상을 ▶YouTube로 볼 수 있습니다.

    요즘 세상 살기가 참 쉽지 않다고들 합니다. 현대의 인류는 하루가 다르게 변화하는 최첨단 과학기술시대를 살아가고 있습니다. 과학기술은 우리의 기업과 경제, 과학, 의학 등 뿐만 아니라 우리 일상생활 곳곳에도 아주 깊은 영향을 미치고 있죠. 덕분에 우리 생활은 여러모로 편리해지고는 있지만 안타깝게도 사람들의 정서적·심리적 스트레스는 더 쌓여만 갑니다. 특히 현대인들의 대다수가 스트레스로 고통 받고 있어요. 스트레스는 정신과 신체가 여러 이유로 과도하게 긴장될 때 나타납니다. 이러한 스트레스로 인해 현대인들은 심신의 피로와 무력감은 물론이고 심인성 질환을 넘어 각종 중증질환으로 많은 고통을 받고 있습니다.

    이런 심리적, 정신적 고통을 잠재우기 위해 반드시 필요한 것이 바로 마음공부입니다. 그 어느 시대보다 과학이 급속도로 발전하는 현대사회에 가장 필요한 것이 바로 마음공부이지요. 첨단 과학기술이나 AI 등이 우리의 생활을 아무리 편리하게 해준다고 할지라도, 결코 우리의 마음까지 편안하고 행복하게 만들어 주지는 못합니다. 내 감정과 마음의 고통을 스스로 바르게 알고 조절하지 못한다면 그 어떤 것도 내게 진정한 평화와 행복을 가져다 줄 수 없기 때문이지요.

    그렇다면 마음공부란 무엇일까요. 여러 선지식과 스승들의 말씀을 종합해 보면 결국 마음공부는 선명상으로 귀결됩니다. 선명상이 곧 마음공부를 위한 수행이기 때문입니다. 그래서인지 요즘 사람들도 선수행과 명상에 많은 관심을 가지며, 또 명상의 긍정적인 효과도 잘 알고 있습니다. 다만 실질적으로 어떻게 해야 하는지를 모를 뿐입니다. 사실 명상법은 셀 수 없이 많습니다. 그래서 모든 명상법을 다 배우기는 쉽지 않지요. 다양한 명상법 중 어떤 것이든 부처님께서 전하신 귀한 가르침의 핵심만 잘 이해한다면 어렵지 않게 받아들일 수 있을 거라 믿습니다.

또 한 가지 중요한 것은 어떤 마음가짐으로 명상을 해야 하는가입니다. 혹시 '같이 살면 닮는다'라는 말을 들어본 적 있으신가요? 저의 은사 스님은 경상남도 양산에 계십니다. 제가 은사 스님을 모시고 50여 년 정도 살다 보니 얼굴 생김새도 닮아가고, 말투도 닮아갑니다. 주변 분들은 심지어 걸음걸이까지 닮았다고 그러시더라고요. 참 신기하지요?

저는 "은사 스님과 닮았다."는 말을 들을 때마다 '아, 50여 년 전 처음 은사 스님을 뵐 때는 분명 남남으로 만났는데 세월이 흘러 이렇게 닮아가는구나.'라는 감회가 밀려오곤 합니다. 사제지간도 이러한데 부부가 서로 닮는다는 말이 있을 법도 하지요.

"매일 보고, 듣고, 행하는 것이 가장 무섭다."는 말도 있습니다. 내가 늘 보고 듣고 행하는 언행이 마치 가랑비에 옷 젖듯이 나에게 쌓여 결국 내 삶을 결정한다는 의미죠. 불교에서는 이렇게 몸과 입과 마음으로 늘 짓는 업業을 '신·구·의身口意 삼업三業'이라 합니다. 이 삼업은 어디 멀리 있는 게 아니라 평상시 내가 자주 보는 것, 듣는 것, 말하고 생각하는 것들이 나를 만들고, 나의 인생을 만들어 간다는 뜻입니다. 세상을 사는 동안 누구나 업을 지을 수밖에 없습니다. 기왕 지을 수밖에 없는 업이라면 우리는 당연히 악업이 아니라 선업善業을 지어야겠지요.

『초발심자경문』에 '삼일수심 천재보 백년탐물 일조진三日修心 千載寶 百年貪物 一朝塵'이라는 구절이 있습니다. 해석하면 '사흘 닦은 마음은 천년의 보배요, 백년 탐한 재물은 하루아침의 티끌'이라는 뜻입니다. 아무리 한평생 재물이나 명예 등 갖은 욕심을 부리고 탐할지라도 결국은 하루아침에 티끌이 된다는 의미지요. 이를 일러 '공수래공수거空手來空手去'라고도 합니다.

우리가 누구이든지, 어떻게 살았던지 상관없이 이 세상을 떠날 때 가지고 갈 것은 정말 하나도 없습니다. 그래서 선명상에서도 "마음을 비워라." "방하착 하라."고 하는 것이지요. 정말로 그렇습니다. 마지막에 다 버리고 갈 것들인데 집착을 해서 무엇 하겠습니까. 그렇게 보면 방하착의 마음을 배우기 위해 선명상을 행하시는 분들은 천년의 보배가 될 수행의 선업을 짓는 것이나 마찬가지입니다.

그렇다면 선명상은 어떻게 시작해야 할까요? 선명상은 매일매일 조금씩 욕심내지 않고 꾸준히 하는 것이 좋습니다. 부처님은 물론이고 여러 조사와 선사들도 선 공부를 할 때는 욕심 부리지 말고, 마치 거문고 줄을 고르듯 마음을 잘 조율하여 자신에게 알맞게 하라고 일러주셨습니다. 그렇게 꾸준히 정진해 나가다 보면 처음에 15분 하던 것이 30분이 되고 또 1시간이 됩니다. 하면 할수록 앉아있는 시간도 편해집니다. 명상을 하는 동안 내 안의 불안하고 우울한 감정과 스트레스 등은 점점 해소되고, 체내 부교감 신경의 활성화로 면역체계가 개선되어 정신 건강과 신체 건강에 큰 도움을 주게 됩니다.

명상하는 시간이 길어지고 또 깊어질수록 자신의 내면을 바라볼 수 있는 힘이 자라납니다. 자신의 내면을 잘 이해하게 되면 나아가 타인과도 잘 융화됩니다. 그러다 보면 어느새 일상생활 전부가 선명상 공부의 연장이 될 수 있습니다. 행주좌와 어묵동정行住坐臥 語默動靜, 내가 있는 모든 곳이 선명상의 도량이요, 수행처가 되는 것이지요. 매일 조금씩이라도 명상을 시작해 보세요. 그러면 놀라운 효과를 볼 수 있습니다.

정말 명상보다 좋은 보약은 없습니다. '염념보리심念念菩提心 처처안락국處處安樂國'이라는 말이 있어요. 깨달음의 지혜를 얻고자 하는 마음을 내면 모든 곳이 바로 극락이라는 뜻입니다. 다른 말로 하자면 명상을 하는 그곳이 바로 극락이라고 할 수 있겠지요. 명상을 계속하다 보면 어느 순간에는 남들이 하지 말라고 해도 하루 일과 중 언제든 스스로 꼭 챙겨서 하게 됩니다. 명상하는 시간이 너무 좋고 행복하기 때문에요. 생각마다, 공부하는 마음마다 다 극락세계요, 안락한 행복의 세계니까요.

마음공부하는 여덟 가지 바른 길이 있습니다. 불자라면 누구나 알고 있는 길이예요. 바로 팔정도八正道입니다. 팔정도의 첫 번째인 정견正見은 말 그대로 '바르게 본다'는 뜻으로 '여실지견如實知見'이라고도 합니다. 나와 이 세상을 '있는 그대로 바로 보라'는 부처님의 매우 중요한 가르침이며, 선명상의 핵심이라 할 수 있습니다. 말은 쉬워 보이지만 막상 실천하기란 쉽지 않습니다. 모두 저마다 자기만의 편견과 감정으로 이 세상을 보기 때문이지요. 그렇기 때문에 우리가 이 세상의 모든 것들을 마치 사진을 찍는 것처럼 있는 그대로 보기가 어렵다는 겁니다. 사진 찍듯이 본다는 것은 어떤 사실을 볼 때 나의 분별심이나 이분법적 편견으로 나누지 않고, 집착심이 없는 청정한 마음으로 나와 타인과 세상을 바로 본다는 뜻입니다.

세상에 가득한 오해와 애증들은 우리가 정견으로 보지 못하기 때문에 생기는 겁니다. 서로를 바르게 이해하지 못하고 제대로 소통하지 못해 괴로운 것이죠. 우리가 편견 없이 세상을 볼 수 있는 방법은 분명합니다. 바로 노력이죠. 정견을 가져야 한다는 부처님의 가르침을 가슴에 깊이 새기고, 그 말씀대로 이 세상을 볼 수 있도록 쉼 없이 정진해야 합니다.

대부분의 사람들은 저마다의 스트레스 해소법이 있습니다. 화가 날 때는 참지 않고 상대방에게 그대로 화를 내버리기도 하고, 힘들 때는 한숨을 쉬면서 그 감정에 푹 빠져 괴로워하기도 합니다. 누군가로 인해 속상했던 일을 주변에 떠들고 다니기도 하지요. 술을 좋아하는 사람은 술을 마시고, 또 어떤 사람은 드라이브를 하고 계획 없이 쇼핑도 합니다. 이렇게 스트레스를 해소하는 방법은 저마다 가지고 있을 겁니다. 그러나 그런 방법들은 결코 근본적인 해결책이 될 수 없습니다.

진정한 해결책은 바로 화가 나고 속상해서 보기 힘든 나 자신을 정면으로 마주 보는 것으로부터 시작됩니다. 마주하기 싫은 나 자신을 용감하게 직시하고 그 감정을 정확히 알아차리는 것, 그리고 그 감정을 계속해서 살피고 사라지는 것까지 잘 알아차리는 겁니다. 감정의 성주괴멸成住壞滅을 깨달으면서 자신을 온전히 챙기는 시간을 가질 때 비로소 나를 괴롭히는 스트레스와 분노와 근심은 사라지게 됩니다.

　자신의 감정을 똑바로 인지하면서 분노를 정화하는데 좋은 명상법을 하나 소개하겠습니다. 이것은 제가 몇 십 년 전 동사섭에서 했던 '나지사 명상'입니다. 핵심을 간단하게 말씀드리면, 내가 어떤 일을 당하든 화와 분노의 감정을 그대로 폭발시키지 말고 잠시 멈추는 겁니다. 그리고 "~구나!" "~겠지!" "~하니 감사하다."고 되짚어 생각하는 방법입니다.

　운전의 예를 들어보겠습니다. 운전을 하다보면 참 여러 가지 상황들이 발생합니다. 갑자기 다른 차가 끼어들어 놀랄 때도 있고 심지어 다른 운전자의 실수로 사고가 나는 경우까지 있습니다. 그럴 때 어떻게 반응을 하시나요? 우선 화를 내고 욕을 하거나 경적을 마구 울리는 사람들이 있지요. 화를 주체하지 못한 채 보복 운전도 합니다. 별일 없이 넘길 수 있었던 순간의 상황도 서로 감정이 격화되어 아주 큰 문제로 이어지기도 합니다.

　이럴 때 잠시 멈추고 생각해 보세요. 예를 들어 '아, 저 차가 끼어드는구나!' '앞차가 갑자기 브레이크를 밟는구나!'라고요. 그 상황을 그대로 보고 인정하는 방법입니다. 다음으로는 '무슨 사정이 있었겠지.'라며 받아들이는 거죠. 그렇게 받아들이고 나면 딱히 화를 낼 일도 없고 욕을 할 일도 없지요. 이것이 있는 그대로 보는 정견 연습입니다. 마지막으로 '감사'는 어떻게 할까요? 바로 '사고 안 났으니 참 감사하다'는 생각입니다.

　이렇게 '정견'이 바탕이 되면 정사유正思惟, 정어正語, 정업正業, 정명正命, 정정진正精進, 정념正念, 정정正定의 팔정도는 저절로 닦아집니다. 팔정도에서 무엇보다 중요한 것이 바로 '정견'이기 때문이죠. 정견으로 바로 보는 방법이 '명상'이며, '마음 다스리는 법'입니다.

'나지나 명상'을 수시로 연습하면 어느 순간 내게 순간의 감정, 특히 분노를 잘 조절할 수 있는 힘이 생겨납니다. 그러니 언제 어디서나 이 명상을 꾸준히 해나가시길 권합니다.

자비심을 키우는 명상도 추천합니다. 먼저 아래 문구를 읽어봅시다.

나와 똑같이 이 사람도 자기의 삶에서 행복을 찾고 있다.
나와 똑같이 이 사람도 자기의 삶에서 고난을 피해보려 하고 있다.
나와 똑같이 이 사람도 슬픔과 외로움과 절망을 겪어 알고 있다.
나와 똑같이 이 사람도 자기 욕구를 채우려 하고 있다.
나와 똑같이 이 사람도 삶에 대해 배우고 있다.

참 좋은 내용이시요? 우리는 누구나 행복과 평안을 찾습니다. 그리고 고난과 슬픔과 외로움과 절망은 겪지 않기를 간절히 바랍니다. 나뿐만 아니라 이 세상 모든 사람들이 마찬가지입니다. 모든 사람들이 같은 소망을 품고 있음을 온전하게 알 때, 우리 마음속에서 타인을 향한 진정한 이해와 자비심이 자라납니다. 어떤 사람이 비록 내게 잘못하고 실수하더라도 그들을 진심으로 이해하고 용서하게 되면 나아가 그 사람이 진정으로 행복하고 평안하기를 바라게 됩니다. 이 문구를 잘 기억하셨다가 부모님이나 형제, 친구의 이름을 앞에 놓고 마음으로 읽어보세요. '나와 똑같이 ○○○도 자기 삶에서 행복을 찾고 있다.' 이렇게요. 평상시에 생각날 때마다 이 문구를 외우면 내 마음이 넓어지고 자비로워지며, 세상이 달라 보입니다. 이 세상의 모든 문제는 결국 내 안의 문제입니다. 그러므로 내 자신을 잘 들여다보는 것, 이것이 선명상의 본질임을 꼭 기억하시길 바랍니다.

또 다른 이야기 하나입니다. 옛날 망망대해에 어떤 사람이 혼자 배를 타고 가는데 어느 날 배가 '쿵'하고 부딪히는 소리가 난 거예요. 그 사람이 화가 단단히 나서 씩씩거리며 누가 그랬는지를 봤더니 '빈 배'였습니다. 어쩌나요. 빈 배이니 따질 사람도 따질 대상도 없는 거예요. 그래서 그만 허탈함에 멋쩍게 웃었다고 하지요. 그렇습니다. 이 세상에 감정의 '대상'이 없다면 따질 일도 화낼 일도 없지요. 이 세상 모든 대상의 본질은 바로 '공空'입니다. 불교 공부의 궁극적인 지향점은 바로 '상대'가 없어지는 '공'의 자리까지 가는 겁니다. 우리 마음속에 '상대'라는 관념이 있기 때문에 그로 인해 불협화음도 있고 괴롭기도 한 겁니다. 그러나 '상대'가 사라지면 바로 망상과 고통도 끊어지지요. 그래서 『금강경』을 비롯한 모든 경전에서 '상相을 버려라' '다 내려놔라放下著' '무심無心하라'고 하는 겁니다.

선명상 공부가 잘 되고 있는지 확인할 수 있는 좋은 방법은 바로 나와 뜻이 맞지 않는 사람을 만날 때입니다. 그때 내 마음이 어떻게 작동하는지를 살펴보세요. 만약 그 사람과 소통이 잘 안되고 여전히 속상하고 화가 올라온다면 더 열심히 공부하셔야 합니다. 『화엄경』에 '약인욕식불경계若人欲識佛境界 당정기의여허공當淨其意如虛空'이란 구절이 있습니다. 부처의 경계를 알고자 한다면 그 마음을 허공처럼 깨끗이 하라는 가르침입니다. 왜 허공처럼 하라고 했을까요? 허공에는 걸림이 없기 때문입니다. 내 마음에 걸림이 없으면 모든 것을 다 포용할 수 있어요. 사실 우리의 본래 마음자리는 허공처럼 걸림없이 큽니다. 그러니 이를 알고 내가 스스로 마음자리에 쳐놓은 수많은 그물들을 걷어 내려놓기만 하면 됩니다. 모든 것은 '일체유심조一切唯心造'입니다. 모두 다 마음먹기에 달렸다는 거죠. 그저 이 한 마음만 비우면 되는 겁니다. 지금 이 순간, 내 마음을 허공 같이 비우면 우리도 얼마든지 부처님 경계에 도달할 수 있습니다.

부처님을 따라가는 길은 여러 가지가 있습니다. 그 중에서 삼귀의三歸依만 제대로 해도 어느 한 순간 내가 없어질 수 있습니다. 부처님께 귀의할까, 말까를 망설이는 것이 아니라 지극한 마음으로 '지심귀명례至心歸命禮'하는 것입니다. 내 생명을 다 바쳐 지극한 마음으로 부처님께 귀의할 때 바로 내가 없어지는 그 자리가 됩니다. 무아無我란 멀리 있는 게 아닙니다. 부처님께 귀의만 제대로 해도 그 자리는 내가 없어지는 자리가 되지요. 결국 모든 부처님의 공부는 이렇듯 나 자신을 없애는 공부인 것입니다. '상대'가 없어지는 '무아無我'의 자리까지 가는 것, 그것이 바로 우리가 선명상을 하는 최종 목적이라고 할 수 있습니다.

세계 최고의 정신적인 스승으로 추앙받고 계시는 달라이라마는 "불교를 딱 두 글자로 정리하면 바로 친절"이라고 말씀하셨습니다. 다른 사람에게 친절을 베푸는 것이 곧 자비행이라는 겁니다. 참으로 가슴에 와 닿는 말씀입니다. 마음공부는 아무도 없는 곳에서 혼자 하는 것이 아닙니다. 공부가 익으면 익을수록 집에서든 밖에서든 일상생활 언제 어디서나 미소를 지으며 모든 사람들에게 친절을 베풀게 됩니다. 바로 친절의 보시행인 셈이지요.

  또한 달라이라마는 많은 법문에서 "내가 행복하기를 바라고 불행을 바라지 않듯이 이 사람도 행복하기를 바라고 불행을 바라지 않는다."고 당부합니다. 달라이라마는 엘리베이터를 타는 그 짧은 시간 동안에도 그 안에 있는 사람들과 친구가 된다고 해요. 얼마나 아름다운 모습입니까. 잠시 잠깐 어떤 누구를 만나더라도 항상 친절하게 대하는 그 모습에 참으로 많은 감동과 깨달음을 얻습니다. 내가 바뀌면 곁에 있는 모든 사람들이 함께 변해갑니다. 정견으로 항상 스스로를 챙기고 내 마음자리를 돌아보면서, 또 항상 무량한 자비심으로 누구에게나 친절하시길 당부 드립니다. 그리하여 일체유심조로 무아의 자리까지 도달하여 모두 다 부처님의 경계를 이루시길 바랍니다.

# 02

## 내 삶을 바꾸는 명상

불안을 극복하는 방법
붓다의 길 치유의 길
지금 이 순간 나의 행동, 말, 생각은 나의 미래가 된다
일상 스트레스 관리하기

# 불안을 극복하는 방법

**인경스님**

(사)한국명상심리상담학회 이사장이다. 동국대학교 선학과 철학박사 학위를 받고 명상상담평생교육원 원장, 동방문화대학원대학교 명상심리상담학과 석좌교수로 활동하면서 명상 분야에서 다양한 교육프로그램을 선보이며 저변을 확대해 나가고 있다.
저서로 『쟁점으로 살펴보는 현대간화선』 『순례자의 은빛나무』 『에니어그램 행동 특징과 명상상담 전략』 등이 있다.

 * 2023 서울국제명상엑스포 '선지식·지성인과의 만남'의 **인경스님** 영상을 YouTube로 볼 수 있습니다.

　사람을 만날 때 외면外面보다 내면內面을 보라고 합니다. 내면은 곧 마음을 의미하죠. 우리가 마음을 보려면 어떻게 해야 할까요? 일상에서 늘 거울을 보지만 정작 마음은 눈에 보이지 않아요. 내 마음조차 볼 수가 없지요. 도대체 이 마음은 어떻게 볼 수 있을까요?

　내 마음을 보는 첫 번째 방법은 다른 사람의 피드백입니다. 가족이나 옆 사람이 이야기해 줄 때 내 마음을 알게 됩니다. 즉 '반영한다'는 의미입니다. 아내가 남편에게 어떤 말을 하자 남편이 "잔소리 좀 그만해."라고 합니다. 이 말을 듣고 '내가 잔소리가 많았나?' 하며 자기를 되돌아보는 거죠. 이렇게 하는 것을 피드백, 반영한다, 또는 거울에 비춰본다고 표현을 합니다. 아내의 행동이 남편이라는 거울에 비춰졌다는 의미입니다. 이를 통해 누구의 모습을 본 것일까요? 남편을 통해서 아내는 그 순간 자신을 본 것이죠. 이것이 나를 보는 첫 번째 방법입니다.

　두 번째 방법은 '눈을 감고 나의 내면을 들여다보는 것'입니다. 차분히 눈을 감고 내 안을 들여다보세요. 숨을 들이마시고, 숨을 내쉬고, 숨이 들어오면 들어옴을 알고, 숨이 나가면 나가는 것을 느껴보세요. 그 숨이 거친가요, 아니면 편안하신가요? 그 호흡이 길거나 짧은가요? 이렇게 우리는 내면을 들여다보면서 자신을 알게 됩니다.

나의 내면을 들여다보는 것은 곧 내 마음을 아는 거예요.『염처경』이나『입출식연경』의 가르침과 같이 숨이 들어오고 나가는 행위를 보면서 자신의 마음을 봅니다. 눈을 감아 보세요. 마음이 어떠신가요? '불안하다'는 느낌이 있나요? '우울하다'는 느낌인가요? '짜증나고 화가 나 있다'고 느끼시나요? 아니면 말로 표현하지 못하는 느낌이 드나요?

이렇게 눈을 감고 집중을 하면 나를 좀 더 가까이 볼 수 있습니다. 물론 쉽지는 않지요. 내 마음을 들여다본다는 것은 그리 쉽지 않습니다. 왜 그럴까요? 어쩌면 더 많이 가지고 싶고, 지위도 좀 더 올라가길 바라고, 다른 사람과 비교해서 지지 않으려는 마음 때문에 온전한 자기를 보지 못하는 것은 아닐까요? 찬찬히 내면을 들여다보면서 내 마음을 알아가는 과정은 그 자체로 대단히 중요합니다.

마음을 보는 이 두 가지 방법을 항상 염두에 두고 생활해 보세요. 하나는 내 주변 사람이 하는 말을 잘 듣고 그 말을 거울로 삼는 것, 다음은 내 안에서 일어나는 것들을 관찰해서 분명하게 아는 것입니다. 세속적으로 표현하면 이것이 성공의 길입니다. 모든 성공한 사람들은 이 두 가지에 대해서 전문가들이며, 두 가지를 잘했기 때문에 자신의 삶을 성공적으로 이끌 수 있었습니다.

한 발 더 나아가 '불안'에 대해서도 이야기해 보겠습니다. 현대인들의 불안지수가 참 높다고 하지요. 요즘 경기도 안 좋고, 우크라이나 전쟁으로 물가는 오르고, 후쿠시마 방사선 오염수 등 여러 가지 사안들로 뒤숭숭합니다. 모두가 많이 힘들죠. 안전하지 못하다고 느끼면 불안을 경험하기 때문입니다. 우리의 삶은 항상 불편하고 안전하지 않을 수 있기에 언제나 불안과 함께 살아가게 됩니다. 그렇기에 "시대는 항상 위기였고, 우리는 항상 어려움 속에서 살고 있다."고 표현한 역사학자도 있습니다. 인생을 돌이켜보면 그럴 때도 있었고, 그렇지 않을 때도 있었습니다. 정보화 사회가 되면서 불안이 더욱 증가하는 경향이 있습니다. 부처님께서 '인생이 고통이다'라고 설하신 것은 "고통을 받아들여라, 고苦와 함께 살아가라."는 의미입니다.

실제로 불안과 고통을 없애려고 노력할수록 우리는 더욱더 불안해집니다. '왜 이런 고통이 나에게 왔을까?'하는 생각에 사로잡히기도 하지요. 우리는 이러한 불안이 올 때, 어떻게 치유하고 어떻게 명상해야 할까요?

차분히 앉아 눈을 감아 보세요. 숨을 들이마시고, 숨을 내쉬어 보세요. 불안할 때 호흡을 하고 호흡에 집중하면 내 마음 속에 안전함을 느끼는 공간을 확보할 수 있게 됩니다. 왜 불안할까요? 어떠한 위협으로부터 안전하지 못한 느낌을 불안이라고 합니다. 가만히 숨을 들이마시고 다시 숨을 내쉬는 것을 반복하다보면 점차 마음이 가라앉으면서 안정됩니다. 차분한 호흡이 부교감신경계를 활성화시키기 때문입니다. 조금씩 편안해 지는 것을 느끼면서 계속 숨을 들이마시고 내쉬고, 숨을 들이마시고 내쉬어 보세요. 불안으로 인한 긴장감을 완화시키는 과정입니다. 점점 진정이 되면서 가슴 속 답답함도 조금씩 사라지는 변화를 느낄 수 있습니다.

앞서 마음을 관찰하는 두 가지 방법이 있다고 했지요. 하나는 타인에 비추어 나를 알게 되는 것이고, 다른 하나는 눈을 감고 자신의 내면을 보면서 나를 아는 겁니다. 눈을 감고 내면을 보면서 내 안에 답답함을 확인했나요? 차분하게 호흡에 집중한 후에는 답답함이 가라앉았나요? 불안하고 우울하고 짜증이 나거나 화가 났을 때 눈을 감고 호흡에 집중하면서 그 감정을 바라보세요.

여러분은 어떤 상황에서 불안함을 느끼나요? 혼자라는 생각이 들 때인가요? 그렇다면 '지금 나는 혼자다.'라는 생각에 집중해 보세요. 고독감에 눈물이 나는 분도 있을 거예요. 명상 상담을 해보면 이 고독감으로 인해 불안을 느끼는 분들이 참 많아요. 어린시절부터 항상 누군가와 연결된 삶을 살았기 때문일까요. 부모와 형제들, 그리고 학교에 소속이 됐고, 더 성장한 후에는 직장을 가지게 됩니다. 이처럼 여러 상황에 맞게 누군가와 연결이 되고 소속감을 가지게 되죠. 그런데 이러한 연결, 즉 소속감은 일순간 사라지기도 합니다. 나이가 들어 퇴임을 하거나 부모님이 돌아가실 때, 혹은 세월이 흐르면서 학창시절 친구들과의 관계에 거리가 생기고 가족 간의 관계도 예전 같지 않음을 느낄 때 우리는 고독감을 느낍니다.

누군가와 연결되어 있음을 느끼고 의지하고 싶은 순간이 있을 거예요. 사찰을 찾아 부처님께 절을 하는 것도 어떻게 보면 부처님과 나를 연결시키는 방법이죠. 그러면서 심리적으로 안정감을 느끼기도 합니다. 어릴 때는 부모에게 매달리고, 나이 들어서는 애인에게 매달리고, 결혼해서는 배우자에게, 자식이 태어나면 자식에게 매달리고. 모두 떠나버리면 누구에게 매달리죠? 우리는 좀 더 근본적으로 불안을 극복할 필요가 있습니다.

호흡은 불안을 치유하는 첫 번째 방법입니다. 호흡에 집중하다 보면 마음이 차분해지기 때문이죠. 두 번째는 법당에 가서 부처님께 기도하고 부처님을 부르는 거예요.

"부처님, 부처님, 저 왔어요." 불안을 치유하는 두 번째 길은 부처님과 연결하는 거예요. 자식도 언제 내 곁을 떠날지 모르고 남편도 마찬가지죠. 모든 인간관계가 그렇잖아요. 언제나 그 자리를 지키는 자비로운 부처님에게 의지해 보는 거죠. 우리 모든 중생들은 어머니 뱃속에서부터 연결되어 있던 탯줄을 자르고 태어났어요. 근원적 단절이죠. 그래서 우리는 항상 누군가와의 연결에 대한 갈망이 있고 이게 안 되면 불안해지곤 합니다. 부처님과 탯줄처럼 나를 연결시키는 방법이 기도입니다. 기도를 하면 충만해지고 안정감을 느끼는 이유도 이와 같습니다.

세 번째 방법은 불안함을 있는 그대로 느끼는 거예요. 회피하지 말고 불안함의 원인을 찾아가는 거죠. 눈을 감고 내가 왜 불안한지, 어떤 불안을 느끼는지 가만히 들여다보세요. 그리고 이 불안감으로 인해 내 신체에 어떤 변화가 생기는지를 살펴봅니다.

호흡을 놓치지 말고 집중하세요. 숨을 들이마시고 내쉬고 반복합니다. 심장이 쿵닥거리는 소리를 듣고 신체에 불편함이 느껴지는 곳을 피하지 말고 계속해서 살피고 느껴 보세요. 그 느낌을 있는 그대로 알아차리는 것이 중요합니다. 심장 소리, 가슴이 뛰고 있음을 받아들이고 조용히 느껴 보세요. 긴장을 내려놓고 몸에서 힘을 빼고 호흡에 집중하세요. 호흡이 편안하게 이어지면 안정된 느낌이 들 겁니다.

어떠세요? 전보다 마음이 차분해진 것 같나요? 불편한 마음을 온전히 받아들이고 느끼다 보면 서서히 가라앉음을 느낄 수 있습니다. 불편한 마음을 피하고 거부하고 무시하려고 하면 점점 더 강해져요. 마치 약을 먹어 통증을 없애려고 하는 것처럼 말입니다. 약을 먹은 직후에는 통증이 사라지는 것 같지만, 진통제에 의존하다 보면 통증은 점점 더 강해지고 더 많은 약을 먹어야 하죠. 불안도 마찬가지입니다. 불안뿐 아니라 좋은 감정, 싫은 감정, 따뜻한 감정, 즐거운 감정에도 무감해지는 것이죠. 피하려 하지 말고 있는 그대로 느끼는 것이 중요합니다. 그것이 바로 내 삶이기 때문이지요. 내가 느끼는 마음, 불안감 또한 내게 찾아온 반가운 손님입니다. 기꺼이 맞이하고 눈을 감고 느껴 보세요. 회피하지 않고 있는 그대로 느끼고 살펴보면 그 마음 또한 차분하게 가라앉을 겁니다.

어떤 문제를 해결하지 못함으로 인해 생겨나는 불안감에 대해서도 얘기해 보겠습니다. 일종의 심리적인 위협 상황인 셈이죠. '내가 해결해야 하는 문제인데, 도저히 해결하지 못할 것 같다.' 그러면 불안감을 넘어 위협을 느끼는 상황이 되어버립니다. 마치 호랑이와 맞닥뜨린 느낌이죠. 이 호랑이와 싸워서 도저히 이길 수가 없을 것 같다는 불안감이, 그 무력감이 계속해서 나를 고통스럽게 만들어요. 어떻게 해야 할까요? 실질적인 문제 해결의 대안을 찾기 위해 노력하는 것이 첫 번째겠죠.

한 상담자의 사례를 들어보겠습니다. 오랜 친우와 예기치 않은 송사 문제가 생겨 힘들어하셨어요. 정말 좋아하고 아꼈던 만큼 인간적인 서운함과 실망으로 힘들고, 그 친우의 잘못을 확인하고 바로잡기 위해 고소를 하면서 이어지는 상황들 자체가 그 분에게 굉장히 큰 스트레스로 작용하고 있었습니다. 나아가 스스로에 대한 자책감과 친구를 향한 원망의 감정으로 잠을 자지 못할 정도로 고통 받고 있었어요. '부처님 법을 따르는 마음으로 모두 용서하고 받아들이고, 모든 것이 인연에 따른 것이겠지.'라고 생각을 해도 막상 마음을 추스르는 것이 쉽지 않죠. 현실적인 문제들을 해결해 가는 과정에서도 마음은 뜻대로 되지 않으니까 잠이 안 오고 걱정이 올라오는 거죠.

이처럼 심각한 문제에 직면했을 때 어찌어찌 문제는 해결하고 있지만 그로 인한 심리적 고통, 불안감과 여러 가지 감정들로 잠 못 이룬 경험은 누구나 갖고 있을 겁니다. 이럴 때는 어떻게 할까요? 해결책을 찾으면 마음이 편안해지고 불안감이 사라지겠지만 결코 쉽지 않잖아요. 문제를 곱씹고 계속 들춰보다 보면 분노도 느껴지고 스스로 위축되기도 하지 않나요? 이것을 해결하는 방법 또한 내 마음에 있습니다.

앞서 말씀드렸죠? 거울 앞에 서면 내 모습이 보이듯이, 눈을 감고 마음 속 부정적인 감정을 들여다보면 심장이 뛰는 소리가 들리고 그로 인한 신체적인 불편함을 식별하게 됩니다. 조용히 눈을 감고 그 고통과 불안감을 조용히 느끼면 어떻게 된다고 했죠? 가라앉아요. 그리고 사라집니다. 그렇게 내 마음을 차분하게 가라앉히고 다시 힘을 내어 지금 마주한 문제를 해결할 힘을 되찾으세요. 마음이 불안하고 종잡을 수 없고 몸이 아프고, 심장이 뛰고, 어깨가 짓눌리면 현실 문제를 해결할 힘조차 잃어버리게 됩니다. 정신적인 고통으로 내 몸의 에너지를 다 빼앗기니 체력이 저하되고 기력이 약해지는 겁니다.

내 마음을 들여다보고 살펴 부정적인 감정을 다스리기 위해 가장 중요한 것이 바로 '호흡'입니다. 숨을 들이마시고 내쉬면서 내 마음을 들여다보세요. 어느 순간 흐트러지더라도 다시 호흡으로 돌아와 집중하세요. 이 과정에서 마음은 더욱 안정되고 강해질 겁니다. 나아가 여러분 삶이 안전해지고 행복해질 수 있습니다. 이것이 바로 명상의 힘입니다.

살아가면서 느끼는 여러 가지 감정들, 어렵고 힘든 상황에 직면할 때마다 제가 말씀드린 방법으로 내 마음을 만나는 연습을 해보세요. 호흡에 집중하는 것으로 시작해 느끼는 감정을 있는 그대로 마주해 보세요. 이러한 명상으로 나를 만나는 시간이 많아질수록, 또 불안을 극복하는 연습을 조금씩 할수록 우리는 한층 더 강하고 단단해진 마음을 만날 수 있을 겁니다.

# 붓다의 길
# 치유의 길

### 하림스님

부산 미타선원 선원장이다. 동방대학원대학교 명상심리상담학과 석박사 통합 과정을 수료하고 동명대 선명상치유학과 겸임 교수, 행복선명상센터 지도법사로 활동하고 있다. 특히 행복선명상 프로그램의 개발과 강의를 통해 명상 확산에 매진하고 있다. 저서로 『하림스님의 두 번째 프로포즈』 등이 있다.

* 2023 서울국제명상엑스포 '선지식·지성인과의 만남'의
  **하림스님** 영상을 ▶ YouTube로 볼 수 있습니다.

 사랑하는 사람과, 혹은 우연히 누군가와 시선을 마주하고 미소 지었던 경험이 있나요? 아마도 대부분의 사람들이 이렇게 미소지어 본 기억이 있을겁니다.

 서로 마주 보고 시선을 맞추면 저절로 미소가 나오게 되죠? 이와 비슷하게 우리가 번뇌를 마주하면 자비심이 나온다는 것을 아세요? 좀 의아하게 느껴질 수 있습니다. 우리는 아직 번뇌를 실제로 보지 않고 만나지 않고, 늘 비난하고 걱정하기 때문에 막상 번뇌를 마주했을 때 미소 지을 수가 없는 거예요. 정말로 번뇌와 만나게 되면 그 번뇌는 사라지는 경우가 많습니다. 남·북한이 오랜 세월 단절된 채 서로 미워하다가도 실제로 만나면 서로 악수하고 손을 잡지요. 손을 잡으면, 60년, 70년 묵은 미움도 순식간에 사라집니다. 왜 그럴까요? 그것이 우리 마음의 진실한 모습이고 실체가 없기 때문이지요. 마음이 허망하다는 사실을 모르고 붙들고 있는 것인데, 그것을 내려놓는 데는 시간이 필요하지 않습니다.

 『천수경』에 '백겁적집죄 일념돈탕진 百劫積集罪 一念頓蕩盡'이라는 경구가 있습니다. 우리의 마음이 번뇌를 없애려고 노력한다고 되는 게 아니고 원래부터 우리의 마음은 일어났다가 사라지는 무상한 것이라는 겁니다. 마음이 일어났을 때 있는 그대로 보기 위한 연습을 하는 것이 바로 수행입니다. 우리가 몸으로 마음으로 경험하는 것을 대상으로 삼아 그것이 일어나고 사라지는 것을 관찰한다면

'일어난 것은 사라지는구나!'라는 무상의 지혜를 깨닫게 된다는 것이지요.

부처님의 진리는 '제행무상諸行無常'이고 '일체개고一切皆苦' '제법무아諸法無我'임을 늘 배우지만, 문제는 우리가 그것을 내 경험에 적용하지는 않는다는 것이죠. 우리가 번뇌에서 벗어날 수 있는 부처님이 알려준 길은 그런 마음이 일어날 때 그 마음을 잘 알아차리고 그 마음이 일어나면 '일어나는구나!' 그리고 사라지면 '사라지는구나!'하고 사라질 때까지 이렇게 지켜보는 훈련을 일상생활에서 해야 합니다. 반드시 효과가 있어요. 번뇌를 직면하고 쫓아내거나 조절하려고 하는 것이 아니라 자비심으로 잘 보듬어 안아 주면 그것은 사라지게 돼 있기 때문입니다. 그렇게 스트레스나 분노를 대처하는 방식을 부처님이 몸소 알려준 것이 부처님의 삶이고, 그 방법을 잘 정리해 놓은 것이 이『대념처경大念處經』입니다.

『대념처경』의 빨리어 제목에서 '념'은 사띠sati, 즉 알아차림이고, '처'는 빠사나paṭṭhāna, 즉 대상이라고 볼 수 있어요. 정신을 바짝 차리고 또 이 정신을 어디에 두고 살아야 번뇌에서 벗어나 해탈로 갈 수 있는지에 대한 부처님의 가르침이 바로『대념처경』에 담겨있습니다.

가끔 우리는 번뇌에서 벗어나기도 하지만 곧 다시 번뇌로 들어갑니다. 왜냐하면 번뇌에서 벗어나도 그 고요하고 밝음을 이어나갈 방법을 알지 못하기 때문입니다.『대념처경』에서는 그 방법을 알려주고 있습니다.『대념처경』의 서문에 보면 명상의 목적과 대상 그리고 방법이 잘 나와 있습니다. 그리고 호흡명상에서는 명상을 어떻게 하는지를 설명하고 있습니다. 이 두 장만이라도 반복해서 보고 사유한다면 명상을 하는 이유와 방법을 알 수 있습니다.

『대념처경』 서문에는 "여기에 길이 있으니 중생의 청정을 위하고 근심과 탄식을 건너기 위한 것이며, 육체적 정신적 고통을 벗어나는 길이고 옳은 방법을 터득하고, 궁극에는 열반에 이르는 길이다."라고 했습니다. 결국 우리가 명상을 하는 목표는 번뇌에서 벗어나 해탈로 가는 결과가 있어야 한다는 것입니다. 이것이 곧 치유입니다. 자기 번뇌에서 벗어나 해탈로 가는 것이 치유가 아닌가요? 궁극적으로 명상은 번뇌에 고통 받는 중생을 위해 해탈의 길을 알려준 부처님의 길이라고 볼 수 있습니다.

청정의 반대가 뭘까요? 바로 오염입니다. 물든다는 거예요. 이것이 중생의 특징입니다. 즉, 몸으로 마음으로 경험하는 것에 집착하는 것이지요. 집착을 좋아하고 집착을 즐겨요. 잡는 걸 좋아하고 놓는 걸 좋아하지 않아요. 그게 중생의 특징입니다.

그린데 집착의 내상은 무엇일까요? 무엇을 잡을까요? 바로 색·수·상·행·식色受想行識, 오온五蘊입니다. 색은 몸으로 경험하고 수·상·행·식은 마음으로 경험하는 것인데, 이렇게 몸으로 마음으로 경험하는 것을 집착해 잡아요. 그리고 저장을 합니다. 다음에 어떤 상황이 나타날 때 그것이 떠오르면, 그걸 또 잡아서 저장을 하는 것이죠. 그렇게 우리의 감정이나 생각, 갈망 등은 어떤 경험이 작용하고 있는 결과입니다. 무엇을 보고 들을 때에 오온을 경험을 하는데 이 경험한 것이 전부 다 무의식에 저장이 됐다가 어떤 상황이 되면 다시 올라오는 것입니다. 그래서 실제로 우리의 오온인 업식들은 계속 돌고 도는 겁니다.

늘 우리가 경험하는 습관, 패턴이 있어요. 전부 다 다릅니다. 이 사람도 다르고 저 사람도 다르죠. 오래도록 이런 경험을 달리 해왔기 때문에 절대로 같을 수가 없어요. 똑같은 쌍둥이가 태어나서 엄마 입장에서는 똑같이 밥을 주고 똑같이 사랑을 줍니다. 그런데 그 아이들이 나중에 어떻게 경험했다고 생각할까요? 어떤 아이는 밥을 똑같이 줬는데도 많이 줬다고 생각하고 어떤 아이는 적게 줬다고 생각해요.

왜 그럴까요? 과거부터 이것을 받아들이는 업식이 다르기 때문입니다. 그 다른 업이 계속 돌고 도니까 이것을 멈출 수 있는 기회가 없어요. 멈출 수 있는 기회가 없기에 계속 그렇게 살아요. 그리고 그렇게 그냥 살기만 하니까 내가 왜 힘든지 알 수가 없어요. 내가 왜 이렇게 생각하는지, 왜 이렇게 하기를 원하는지. 이것을 나 스스로도 이해하지 못해요. 왜 그럴까요?

『반야심경』을 보면 '조견오온개공 도일체개공照見五蘊皆空 度一切皆空'이라고 합니다. 반야심경에서 알려주는 수행법은 딱 이 한 줄입니다. 반야심경 서문에 따르면 '행심반야바라밀다알아차림을 분명히 하고 있을 때'에 오온을 잘 비춰 보면 그것이 일어나고 사라지는 것을 관찰하면 무상함을 관찰할 수 있고, 이해할 수 있고, 무상을 직접 체험할 수 있어요. 그래서 번뇌에 대한 집착을 벗어나게 된다는 것입니다.

무상한 것이 왜 괴로움일까요? 애써서 뭔가를 했는데 지속되는 것은 하나도 없기 때문이죠. 우리는 그것이 사라지지 않기를 바랍니다. 뭐 좀 해놓으면 얻어지는 것이 있을 줄 알았는데, 그렇지 않으니 괴롭다는 거예요. 그러다 보니 '어떤 것도 변하지 않는 고정된 실체는 없구나!'라는 무아無我를 보게 된다는 거죠.

내가 어떤 상황이 됐을 때 몸으로 마음으로 경험하는 이것을 우리는 '나'라고 믿고 '나의 것'이라고 믿어요. 어떤 생각이 일어나면 그 생각을 '내 생각'이라고 합니다. 그 생각에 '나'를 붙이지 않으면 누군가가 그 생각이 틀리다고 지적해도 크게 상관이 없겠지요. 그 생각이 나의 생각이 아니라면 기분이 나쁠 이유도 없으니까요. 그 생각 안에 '나'는 없습니다.

이 오온을 '나'라고 붙이면 어떻게 될까요? 나와 생각이 다르거나, 내 생각이 틀리다고 하면 바로 화가 나거나, 저 인간을 어떻게 하려 하거나, 좋아하거나 싫어하는 마음이 일어나겠지요. 사람이 어떤 경험을 했을 때 좋아하거나 싫어하는 마음이 가장 처음에 일어나는 기본적인 마음이에요. 그렇기에 『대념처경』 서문에도 "명상을 할 때 기본적으로 좋아하거나 싫어하는 마음을 잡으면 안 된다."고 합니다. 좋아하는 마음으로 깊이 가는 것은 애별리고愛別離苦로 연결되고 또 싫어하는 마음은 원증회고怨憎會苦로 이어집니다.

그렇다면 명상은 언제 필요할까요? 바로 오온을 경험할 때입니다. 이때 우리가 오온을 볼 수 있어요. 내가 나라고 잡고 있고 고집하고 그것이 나인 줄 알고 살아왔던 그 '나'라는 것을 언제 볼 수 있나요? 눈으로 대상을 볼 때, 육근六根·육경六境이 만날 때 이 식識이 나타납니다. 그 전에는 우리가 그것을 볼 수가 없어요. 오온을 그냥 놔두면 또 반복됩니다. 윤회를 해요.

그렇기 때문에 오온이 딱 나타났을 때 그것을 알아차리고 주의를 그곳에 집중을 해서 관찰을 하는 겁니다. 그 순간 우리는 '일어나는 것은 사라지는구나.' 라는 무상의 지혜를 볼 수가 있습니다. 그것이 무상하다는 것을 정말로 볼 수 있고 인식한다면 우리가 집착하고 있는 그 괴로움은 실제로 소멸됩니다. 최소한 본 만큼은 작아져요. 보고 이해한 만큼 작아집니다. 부처님이 알려주신 사성제四聖諦 고·집·멸·도苦集滅道의 원리가 바로 이것입니다.

고·집·멸·도의 원리는 '이것이 괴로움'이라는 것을 알고 '괴로움의 원인이 집착'이라는 것을 분명히 아는 거예요. 그렇게 집착을 보고 알게 되면 이해하고 받아들이게 되고, 또 그 자리에서 집착을 놓아줄 수 있게 되고 고통에서 벗어나게 됩니다. 그렇게 해서 소멸의 길로 가는 것이 부처님이 우리한테 알려준 치유의 과정이에요. 이것이 크게 보면 명상을 어떻게 하는가에 대한 방법이에요. 그 대상이 『대념처경』에서는 신수심법이고 『반야심경』에서는 색·수·상·행·식이라고 할 수 있습니다.

이렇게 『대념처경』의 앞부분에서는 상당 부분 명상하는 방법을 설합니다. 그리고 뒷부분에서 사성제 고·집·멸·도를 통해 치유의 방법을 알려줍니다. 이미 2,500년 전에 부처님께서 마음을 어떻게 치유하셨는지를 체계적으로 설명하고, 실제로 어떻게 해야 하는지에 대한 방법도 아주 세세하게 알려줬어요. 이러한 가르침을 마음치유에 응용할 때 명상을 활용한 심리치료, 즉 명상치료라고 합니다.

부처님을 사회적인 역할로 표현하면 중생을 고뇌에서 벗어나게 하는 의사 아닐까요? 부처님 스스로도 "나는 마음의 의사다. 마음을 치유하는 의사 중에서 왕이다."라고 말씀하셨습니다. 부처님은 일생에 걸쳐 우리에게 사성제와 팔정도를 가르쳐 주셨어요. 사성제는 바로 마음을 치유하는 치유 체계에요. 고·집·멸·도 사성제

가운데 '고'는 몸과 마음 가운데에 어떤 곳이 고통을 겪고 있는지 진단하는 거죠. 우리가 병원에 가면 진찰을 하고 꼼꼼하게 검사를 해서 원인을 찾아냅니다. 마음 치료도 똑같아요. 그래서 『대념처경』에 있는 그대로 진단지를 만들어 실제로 적용해 보기도 합니다. 8고八苦로 보면 몸에 해당되는 것이 생로병사이고, 마음에 해당하는 것이 과거·현재·미래로 주의가 옮겨 가면서 겪는 탄식과 절망과 근심이에요.

근심이라는 마음은 미래로 가는 습관이 있어요. 탄식은 쉽게 과거로 향합니다. 마음이 과거로 가는 습관이 있는 사람이 있고, 미래로 가는 습관이 있는 사람이 있어요. 어떤 상황이 생겼을 때 바로 "이렇게 하지 않았으면 좋았을 걸!"하며 과거로 향하는 사람이 있고 "이제 어떡하지?"라며 미래로 향하는 사람이 있어요. 또 현재에 충실한 사람들은 좌절, 절망감으로 향합니다. 어떤 상황이 닥치면 바로 좌절하고 절망하는 사람들도 있어요. 이것을 『금강경』에서는 과거심불가득過去心不可得, 미래심불가득未來心不可得, 현재심불가득現在心不可得이라고 설명하고 있습니다.

어떤 상황에 직면했을 때 처음 일어나는 마음은 자연스러운 거예요. 그것은 부처님도 똑같이 경험합니다. 예를 들어 제자의 죽음에 대해 부처님은 "너무 슬프다, 좀 외롭다." 그러셨어요. 석가족이 멸망당했을 때에는 "나무에 잎이 다 떨어진 것 같다."는 표현도 합니다. 사람들은 비슷하게 경험하지만 그것을 대처하는 방식은 달라요.

부처님은 어떻게 대처하셨을까? '아! 슬픔이 일어나는구나. 그리고 슬픔이 사라지는구나.'였어요. 이것이 부처님이 발견한 스트레스를 해소하는 방법입니다. 부처님의 열반을 앞두고 제자들이 슬픔에 빠져 통곡을 하거나 절망에 빠지자 부처님은 제자들을 타일러요. 죽음을 받아들이라고, 세상은 원래 그런 것이고요. 슬프지만 슬픔을 잡지 말라고 하는 겁니다. 슬픔도 사라질 감정일 뿐이기 때문이지요.

명상의 핵심은 경험하되 그 경험을 붙잡지 않는 거예요. 이것을 『금강경』에서는 '무주상행無住相行'이라고도 합니다. 여기에서의 상은 오온, 곧 우리가 몸으로 마음으로 경험하는 것으로, 그 상에 머무르지 않고 잡지 않는다는 의미입니다. 그렇게 할 수 있는 방법도 『대념처경』에 설명되어 있습니다. 경험하되 잡지 않는 방법, 이 방법대로 하면 번뇌에서 해탈로 갈 수 있는 길이 있다는 겁니다.

그동안 불안한 마음이 들면 여러분은 어떻게 해 오셨나요? 도망가거나 혹은 그걸 어떻게든 해결하기 위해서 싸우려고 해요. 불교는 그 마음을 대상으로 명상을 합니다. '아, 불안이 일어났구나.' '불안이 찾아왔구나.'를 인식하는 것이죠. 그리고 그 불안을 가지고 없애거나 어떻게 하려는 것이 아니라 있는 그대로 알아차리고 직시합니다. 부처님도 불안과 일어나는 번뇌와 싸워서 이겨보려고 고생을 했습니다. 절대 성공할 수 없다는 것을 아는 데만 6년이 걸렸어요. 죽을 뻔했지요. 그래서 우리에게 그런 길을 가지 말라고 알려주신 겁니다. 그 길을 찾아내고 보니 먼저 깨달은 부처님들도 모두 이 길을 걸었다는 것을 깨닫게 되셨지요. 그래서 서문에도 '여기에 길이 있다'라고 시작하는 겁니다.

『대념처경』은 우리에게 번뇌가 일어나면 '번뇌가 일어나는구나!'라고 알아차리고, 그것이 사라질 때까지 자비와 연민의 마음으로 있는 그대로 사실 그대로만 보라고 합니다. 그러면 자연히 지나간다는 겁니다. 그렇게 보내주는 것, 그렇게 오온이 나타날 때마다 보내주면 점점 내 업장은 가벼워집니다. 내 안에서 나타나는 그 업들은 내가 아직 충분히 봐주지 않고 충분히 인정하지 않기 때문에 사라지지 않은 것들이에요. 중요한 것은 내가 겪는 오온이 곧 번뇌임을 알아차리는 겁니다. 흔히 말하는 번뇌는 곧 몸으로, 마음으로 경험하는 모든 것입니다. 오온이 나타날 때 먼저 알아차리고 바라보면 번뇌가 오다가도 사라져버립니다. 수행은 눈으로 또 몸으로 될 때까지 자꾸 익히며 몸으로 체득하는 것입니다. '오온이 번뇌'임을 분명하게 알면 그 번뇌를 우리가 굳이 고집하고 붙잡을까요? 그럴 이유가 없죠.

『금강경』 마지막에 '일체유위법 여몽환포영 여로역여전 응작여시관一切有爲法 如夢幻泡影 如露亦如電 應作如是觀'이라는 게송이 있습니다. 유위법은 우리가 몸으로 마음으로 경험하는 모든 것들을 말하는데 모두 물기품 같고, 번개 같나는 뜻입니다. 실제로 번개는 보고 들을 수 있으나 금세 사라지지요. 그러므로 우리는 생겼다고 좋아하거나 사라졌다고 슬퍼하지 않습니다. 세상일도 이렇게 보고 살아야 한다는 것이 응작여시관의 뜻입니다.

요즘 우울증 환자가 많다고 합니다. 병원에서 진단하는 우울증은 우울한 기분에 빠져서 2주 이상 나오지 못하고, 일상생활이 어려울 때를 기준으로 한다고 합니다. 내가 슬프고 우울한데, 그 슬픔을 만났는데 그것에서 벗어나는 법을 어떻게 알 수 있을까요? 어디서 배울 수 있을까요? 아무도 가르쳐 주질 않아요. 보통은 부모님의 모습을 통해 배웁니다. 슬프거나 화가 날 때 부모님이 어떻게 하는지를 보고 그렇게 합니다. 그것밖에 못 봤기 때문에 부모님의 그런 모습이 싫어도 나중에 그 모습대로 하고 있는 자신을 발견하게 됩니다. 다르게 대처하는 것을 본 적도 없고 익힌 적도 없기 때문입니다. 그러니 싫다고 하면서도 어쩔 수 없이 자기 업식대로 하는 거지요. 그럴 때 어떻게 대처해야 되는 지를 부처님이 우리에게 가르쳐 준 수행법이 바로 명상입니다. 몸으로 마음으로 연습하게 하고, 그런 괴로움을 만났을 때 그것을 어떻게 대처하는지 방법을 알려주며 사성제로 그 마음을 치유해주는 것입니다.

　우리의 일상이 곧 명상의 기회이자 묵은 업을 소멸하고 새로운 해탈의 길로 갈 수 있는 기회입니다. 붓다의 가르침이 일상에서 스트레스로 고통 받는 이들에게 희망의 길을 열어주길 기원하며, 자신의 오온을 잘 살피고 사성제로 치유하는 명상을 경험하길 바랍니다.

지금 이 순간
나의 행동, 말, 생각은
나의 미래가 된다

마가스님

(사)자비명상 이사장이다. 무비스님의 전강제자로 동국대학교 미래융합대학 자비명상 지도교수, 안성 굴암사 회주로 활동 중이다. 인터넷법당 미고사 주지로 미디어를 활용한 대중포교를 이끌고 있으며, 2020년에는 대한민국사회공헌재단 특별상을 수상했다.
저서로 『내 마음 바라보기』 『마가 스님의 100일 명상』 『마음아 행복하여라』 등이 있다.

 * 2023 서울국제명상엑스포 '선지식·지성인과의 만남'의 **마가스님** 영상을 ▶YouTube로 볼 수 있습니다.

　지금 이 순간 내 마음은 어떤가요? 나의 행동은 어떻습니까? 진실한 마음의 출발은 긍정적인 생각입니다. 우리는 우리 자신을 바로 보기 이전에 먼저 남과 비교하고 불평하며 탓을 합니다. 남을 바라보며 비교하고 있는 여러분은 지금 무엇을 보고 있습니까?

　여기에 반잔의 물이 있습니다. 어떤 사람들은 "와우! 물이 반이나 남아있네."하고 고마운 마음을 가집니다. 그러나 어떤 사람들은 "에이! 재수 없어. 물이 반밖에 없네."라고 불평을 합니다. 반잔인 것은 변함이 없는데 반잔을 바라보고 있는 내 마음에 따라서 감사하다고도 하고 재수 없다고도 합니다. 그렇게 우리는 늘 보이는 대상을 바로 보지 못하고 탓하고만 살았습니다. 반잔의 물을 바라보고도 이렇게 저렇게 받아들이는 마음이 모두 다른데 상대방을 바라보는 내 마음은 어떻습니까?

　명상은 내가 나를 보는 것입니다. 남이 아니라 나를 바로 보는 것이 명상입니다. 우리는 남을 보면서 이렇다 저렇다 평가하지만, 정작 스스로를 볼 줄 모르기 때문에 자기는 늘 옳고 상대방은 그르다고 시비하며 분별하고 다투면서 갈등을 만듭니다.

　명상의 핵심 키워드는 'Here and Now'입니다. 지금 여기 이 순간 내가 나를 보는 것입니다. 내가 지금 무슨 행동을 하고 있는지, 내가 지금 무슨 말을 하고 있는지, 내가 지금 무슨 생각을 하고 있는지 신·구·의身口意 삼업을 보는 겁니다. 수행이란 나쁜 행동을 좋은 행동으로, 나쁜 마음을 좋은 마음으로, 나쁜 생각을 좋은 생각으로 바꾸는 것입니다. 우리는 업에 의해서 습관적으로 말하고 행동합니다. 마음 안에는 8만4천 가지 짐승이 들어있다고 합니다. 이를 잘 알아차림으로써 마음을 가라앉히고 나쁜 말을 좋은 말로, 나쁜 마음을 좋은 마음으로 바꾸어 가는 것, 이것이 바로 수행자가 가야 할 길입니다.

이 순간 내가 살아있다는 것은 큰 행운이고 선물입니다. 나에게 주어진 이 선물을 나누는 것이 보시입니다. 보시는 수행자의 큰 복밭입니다. 또한 보시는 회향입니다. 회향은 또 다른 씨앗을 심는 행위입니다. 회향을 통해 내가 심어 놓은 씨앗들이 무럭무럭 자라서 건실한 열매를 맺게 해줍니다. 회향이 없으면 아무리 좋은 씨앗을 심어도 열매를 맺지 못합니다. 회향은 마치 거친 흙에 씨앗을 뿌리는 것과 같습니다. 아직 딱딱한 흙에서는 싹이 발아되더라도 잘 클 수 없습니다. 그래서 땅을 일궈 자갈과 가시덤불을 제거하고, 흙을 잘게 다듬은 후 씨앗을 뿌리고 거름도 주고 물도 주고 정성을 다해 보살피는 행위가 필요합니다. 바로 보살피는 행위, 가꾸는 행위, 거름을 주는 행위가 회향이라고 할 수 있습니다.

많은 불자들이 절에 다니면서 이미 씨앗은 뿌렸습니다. '부처님, 저에게 이렇게 해주세요.'라는 기도가 씨앗입니다. 이 씨앗이 잘 자라게 하려면 거름을 줘야 하는데 그것이 바로 회향입니다. 회향은 어렵지 않습니다. "성 안내는 그 얼굴이 참다운 공양이고, 부드러운 말 한마디 미묘한 향이로다. 깨끗해 티가 없는 진실한 그 마음이 언제나 한결같은 부처님 마음일세." 이 같은 문수보살의 게송이 회향을 아주 잘 표현하고 있습니다.

회향은 또 다른 씨앗을 심는 행위고 선업 공덕에 씨를 뿌리는 행위입니다. 우리는 부처님께 육법 공양을 올립니다. 또 음성 공양도 올리고 법문 공양도 올리는 등 공양을 많이 올립니다. 그런데 성 안내는 얼굴, 부드러운 말, 진실한 마음이야말로 공양 중에 최고의 공양이라는 것입니다. 이것이 불자가 행하여야 할 수행입니다.

행복해지는 사람은 될 이유를 찾고, 불행해지는 사람은 안 될 이유를 찾습니다. 어떤 일을 하는데 있어서 그것을 긍정적으로 해내려 하는 사람은 될 이유가 있다고 합니다. 마음이 부정적인 사람은 안되는 쪽으로 안될 이유를 찾는다고 합니다.

인생이 계획대로 된다면 얼마나 좋겠습니까. 하지만 우리는 살면서 뜻하지 않은 일을 당하곤 합니다. 우여곡절 끝에 우리는 지금 이 자리까지 왔습니다. 견뎌내고 참아내고 버텨냈습니다. 이것이 사바세계입니다. 겨울이면 내복을 입으면 되고, 여름이면 내복을 벗으면 됩니다. 바람이 불면 창문을 닫으면 되고, 더우면 문을 열면 됩니다. 그런데 어떤 사람은 이 바람을 탓하고 원망합니다. 우리는 이렇게 탓하는 마음과 입을 가지고 있습니다. 그렇게 해서는 우리 마음이 편안해지지 않습니다. 이 하나밖에 없는 귀한 입을 가지고 나는 무슨 말을 하면서 살았는지 생각해 보십시오. 감사하다는 말을 할 수도 있고, 재수 없다는 말을 할 수도 있습니다. 하나밖에 없는 입인데 이 입에서 8만4천 짐승의 소리가 나올 때가 있습니다. 그래서 우리는 모든 경전을 독송하기 전에 정구업진언淨口業眞言을 합니다. 정구업진언이 무엇입니까? 입으로 지은 업을 깨끗하게 하는 진언입니다. "수리수리 마하수리 수수리 사바하." 입으로 지은 업을 잘 보면서 내가 이제는 내 입으로 무슨 말을 하고 사는지 알아야 합니다.

우리는 모두 어리석습니다. 모두가 행복을 원하고 있지만 지금 이 순간 나의 행동은 행복의 씨앗을 심고 있는지 불행의 씨앗을 심고 있는지조차 알지 못합니다. 지금 이 순간 내가 내뱉는 이 말 한 마디가 행복의 씨가 되고 있는지 불행의 씨가 되고 있는지를 알아야 합니다. 지금 이 순간 떠오르는 생각 하나가 행복의 씨앗이 되고 있는지 불행의 씨앗이 되고 있는지. 이것을 알아차리는 것, 이것이 명상입니다.

나의 행동으로 인해 행복이 오고 불행이 오고, 내가 내뱉는 말 한 마디에 의해서 행복이 오고 불행이 온다고 하는 사실을 잊어서는 안됩니다. 편안하고 안정된 상태에서는 마음을 쉽게 제어할 수 있습니다. 그런데 갑자기 화가 난다던가 뜻하지 않은 문제가 생길 때 나도 모르게 속에서 화가 울컥울컥 치솟습니다. 이때 어떻게 할 것인가가 중요합니다. 화는 터트리면 죄가 되고 참으면 병이 되고 알아차리면 사라집니다. 마치 자동차의 브레이크가 파열되고 제대로 작동하지 않으면 사고가 날 수밖에 없는 것과도 같은 이치입니다.

우리에게도 마음의 브레이크가 필요합니다. 마음의 브레이크가 고장난 사람은 일단 성질대로 막 저질러 버리고 다음날 후회하게 됩니다. 때론 그로 인해 안타깝게도 삶이 송두리째 날아가 버리기도 합니다. 마음의 브레이크, 여러분이 정말로 행복해지길 바란다면 마음의 브레이크를 장착해야 합니다.

불자 오계가 바로 마음의 브레이크가 될 수 있습니다. 정말로 행복해지고 싶다면 계를 받으십시오. 계를 받고 잘 지키면 행복이 보장되고 계를 받고 계를 지키지 않으면 불행해집니다. 오계를 잘 지키면 행복은 보장되어 있습니다.

그렇다면 행복이 무엇입니까? 우리 불교에는 무재칠시無財七施라는 것이 있습니다. 재물이 없어도 복을 지을 수 있는 일곱 가지 복이 있다는 것입니다. 그중 하나가 화안시和顔施입니다. 나의 미소를 이웃과 나누는 것입니다. 인색한 사람은 미소도 나누어주지 않습니다. 인색한 사람은 아무리 명상센터에 쫓아다녀도 공부가 되지 않습니다.

수행자는 보시를 즐거이 합니다. 돈이라고 하는 부분은 굉장히 중요합니다. 우리는 돈을 아껴 모았다가 노후자금으로도 써야 하고 또 자식들에게 남겨주기도 해야 합니다. 그러려니 쓸 돈이 없습니다. 그러나 돈이 아니더라도 미소는 나누어 줄 수 있습니다. 복 짓는 것 별로 어렵지 않습니다.

연기법을 알기 위해서 우리는 명상을 합니다. 명상은 어리석음에서 벗어나 지혜를 습득하는 것입니다. 우리는 너나 할 것 없이 다 어리석습니다. 모두 자기가 옳다고 하고 남이 틀렸다며 자기 고집을 피웁니다. 그러나 미소 한 번 짓는 것만으로도 우리는 행복을 얻을 수 있습니다. 그것이 자비이며 바른 명상입니다. 명상은 대상을 바꾸는 게 아니고 대상을 바꾸려는 내 마음을 바꾸는 겁니다. 지금 이 순간, 나의 몸과 마음의 변화를 알아차리는 명확한 명제를 가슴에 새겨보시면 좋습니다.

요즘 보면 많은 사람이 명상센터를 찾아다니고 있습니다. 어느 명상센터에서 얼마나 있었는지는 중요하지 않습니다. 명상으로 인한 변화를 얼마나 체험하고 있는지가 중요합니다. 명상의 마지막 단계는 마음을 변화시키는 겁니다. 조금씩 나를 바꾸어 가는 것입니다. 그러면 얼마만큼 바꾸어야 할까요? 궁극에는 부처님을 닮아가는 것이 명상입니다. 어렵다고 생각하면 어렵지만 쉽다고 생각하면 쉽습니다. 지금 이 순간 나의 행동, 지금 내가 내뱉고 있는 그 말 한마디가 나를 바꾸는 계기가 되기 때문입니다.

지금의 내 삶은 모두 내 책임입니다. 그러므로 행동을 바꾸고, 말을 바꾸고, 생각을 바꾸어야 합니다. 부자가 되고 싶다면 부자의 행동을 하고, 행복을 원하면 행복의 행동을 하고, 행복의 말을 하고, 행복의 생각을 해야 한다는 겁니다. 우리는 모두 행복을 원하고 있습니다. 지금 이 순간 나의 말과 행동은 행복의 씨앗을 심고 있는지, 불행의 씨앗을 심고 있는지 알아야 합니다. 지금 이 순간 내가 내뱉는 이 말 한마디가 행복의 씨가 되고 있는지 불행의 씨가 되고 있는지, 지금 이 순간 생각하는 이것 하나가 행복의 씨앗이 되고 있는지, 불행의 씨앗이 되고 있는지, 이것을 알아차리는 것, 이게 명상이라는 것입니다. 나의 행동과 내뱉는 말 한마디에 의해서 행복과 불행이 온다는 사실을 잊지 마십시오. 모든 것은 내가 지어서 내가 받습니다.

아주 멋있는 섬 하나가 있습니다. 하와이보다 제주도보다 더 멋진 섬, '그래도'라는 섬입니다. 누구나 지금 있는 상황보다 더 안 좋은 상황이 발생할 수 있습니다. '그래도' 이만하길 다행이라고 생각하면 새로운 행복의 씨앗이 심어집니다.

'그래도' 섬에 가십시오. '그래도' 섬을 제가 여러분께 선물하겠습니다. 여러분들이 바로 '그래도' 섬의 주인이 되는 겁니다. '그래도' 섬에는 절이 둘 있습니다. 한 절은 이름은 '맙소사'입니다. '맙소사' 절의 사람들은 불평불만으로 남을 탓합니다. 바로 그 옆에 젖과 꿀이 흐르는 아주 좋은 터에도 절이 하나 있는데 그 절의 사람들은 늘 서로를 칭찬하면서 긍정적인 모습을 보여줍니다. 바로 '미고사'라는 절입니다. 우리 불자들은 맙소사에 다니지 말고 '미고사' 신도가 되어 "미안해요." "고마워요." "사랑해요." 이 세 마디만 하십시오. 그러면 행복은 당신 곁에 머물 것입니다.

이제 제가 마음속에 간직해 온 절 세 곳을 소개합니다.
첫 번째 절이 바로 '간절'입니다. 눈치 보지 마십시오. 법당에 앉아서 그저 '부처님, 제 팔자가 왜 이렇습니까? 왜 이 모양 이 꼴입니까?'하고 간절하게 기도해 보시기 바랍니다. 아픔이 있고 울분이 있다면 토해 내도 좋습니다. 원 없이 토해 내십시오. 나를 비우고 또 비우고 다 비워버리면 그곳에 부처님의 가피가 함께 합니다.
'비워라.' '내려놓아라.' 하는 스님들의 말씀이 이 가르침입니다. 어떻게 내려놓을까요? 물건이야 땅에 내려놓지만 마음을 어떻게 토해 내는 방법밖에 없습니다. 음식을 잘못 먹고 속에서 부글부글 끓으면 토해 냅니다. 토해 내면 속이 깨끗해집니다. 마찬가지입니다. 고성의 염불과 기도를 통해 응어리를 토해 내시기 바랍니다. 큰소리로 염불하면 열 가지 공덕을 얻을 수 있습니다.

첫째, 능히 잠을 없애주는 공덕이 있습니다. 둘째, 천마가 놀라고 두려워하는 공덕이 있습니다. 셋째, 염불 소리가 온 사방에 두루 퍼지는 공덕이 있습니다. 넷째, 삼도의 고통을 쉬게 하는 공덕이 있습니다. 다섯 번째, 다른 소리가 들리지 않는 공덕이 있습니다. 여섯 번째, 염불하는 마음이 흩어지지 않는 공덕이 있습니다.

일곱 번째, 용맹정진하는 공덕이 있습니다. 여덟 번째, 모든 부처님이 기뻐하시는 공덕이 있습니다. 아홉 번째, 삼매가 뚜렷하게 드러나는 공덕이 있습니다. 열 번째, 정토에 가서 태어나는 공덕이 있습니다. 우리는 이와 같은 간절심으로 기도해야 합니다.

두 번째 절은 '친절'입니다. 친절은 이타행을 말합니다. 복이란 내 것을 꺼내서 나누는 것입니다. 우리는 참으로 인색합니다. 인색한 마음으로는 아무것도 되지 않습니다. 부처님 전생록을 한번 보십시오. 모든 것을 다 내어놓으십니다. 목숨마저도 다 내어놓고 이타행을 하십니다. 복이 가득해서 복이 찰 공간이 없을 정도로 많은 복을 지으십니다. 이것이 바로 친절입니다. 상대방을 부처님으로 여기고 지금 내가 하는 일에 최선을 다하며 지금 내가 만나는 사람에게 정성을 다하는 것, 이것이 바로 친절입니다.

달라이라마의 〈나의 종교는 자비로운 친절이다〉라는 아름다운 글을 옮겨 봅니다.

당신은 좋은 사람이다.
자꾸만 마음을 닫게 만드는 상처 때문에
불신과 두려움을 거두기 힘들다 하여도
당신은 좋은 사람이다.

당신은 처음부터 좋은 사람이다.
당신의 솔직함
당신의 따뜻함
당신의 용기 그리고 인내와 믿음

당신은 모든 것이 좋은 사람이다.

당신은 선량함이 당신의 본성으로
깊게 자리하고 있기 때문이다.
사람에게 그리고 당신 자신에게
진정으로 마음을 다해 친절하기 때문이다.
친절에 값이 매겨지는 시대에
당신은 온전한 친절의 의미를 알기 때문이다.

인생의 순간순간마다
함께 하고픈 사랑이 있는가.
그렇다면 당신은 좋은 사람이다.
인생의 험한 길목마다
마음을 내어주는 친구가 있는가.
그렇다면 당신은 좋은 사람이나.

혹시 당신이 있는 그대로의 솔직함으로
사람을 당혹하게 만든다 하여도
오늘 당신은 얼마나 친절한가.
스스로를 아끼는 것
그리하여 다른 사람을 아끼는 것
그것이 친절이다.
당신의 선량한 본성을 그대로 드러내는 것
그것이 친절이다.

그리하여
좋은 사람을 만드는 그 모든 미덕을
하나의 단어로 표현해야만 한다면
나는 스스럼없이 친절이라 하겠다.

인생의 순간순간을 가치 있게 만드는 당신의 능력
사람을 가장 아름답게 만드는 우리 안의 잠재된 본능
그 모든 것을 아우르는 친절이라 하겠다.

이것이 내가 믿는 소박한 종교다.
복잡한 종교도 철학도 사원도 필요 없다.
나의 이성 나의 마음이 사원이니,
나의 종교는 자비로운 친절이다.

 간절한 기도로 모든 아픔을 내려놓고, 친절로 주위에 이타행을 실천했다면 이제 스스로 행복의 길로 나아가야 합니다. 그 방법이 바로 수행입니다. 이 좋은 날, 나는 무슨 씨앗을 심고 있는지 돌이켜보아야 합니다.
 수행은 나쁜 행동을 좋은 행동으로, 나쁜 말을 좋은 말로, 나쁜 생각을 좋은 생각으로 바꾸는 것입니다. 벽을 보고 앉아 있는 것만 수행이 아닙니다. 삼천 배를 하는 것만 수행이 아닙니다. 여러 가지 방편을 사용해서 마지막에는 나를 바꾸는 것입니다. 확실한 변화가 일어나야 수행자라고 할 수 있습니다. 아무리 깡패 같은 사람이라도 부처님을 만나고 '이렇게 살다가는 내 업장이 더 두터워지겠구나. 지금부터 나는 새사람이 되어야지'라며 행동을 바르게 하고 바른말을 하고 바른 생각을 하면 됩니다. 그래서 우리 곁에 부처님이 계십니다. 잘못된 것이 있으면 부처님께 와서 참회하고 새로운 사람이 되어가는 것이 수행입니다.

마지막으로 세 번째 절은 '미고사'입니다. "미안해요." 한마디에 과거의 문제가 풀립니다. 과거 문제가 풀리지 않았기 때문에 현재 어려움을 겪는 것입니다. "미안해요." 한마디로 안 된다면 눈물을 흘리면서 진심으로 "미안해요."라고 해야 합니다. 그래도 안 되면 삼천 배, 만 배라도 하면서 "미안해요."라고 참회를 해야 합니다. 참회 없이는 아무것도 되지 않습니다. 그냥 덮고 넘어가려고 해서는 해결되지 않습니다.

세수하지 않고 화장을 하면 화장이 망가집니다. 참회는 깨끗하게 세수하는 것과 같습니다. 마음을 닦아내는 것입니다. 세수를 깨끗이 했다면 이제 화장을 하면 됩니다. "고마워요."는 화장하는 것과 같습니다. "고마워요."라고 하면 현재 문제가 풀립니다. 그리고 앞으로의 삶은 행복으로 가야겠습니다. 행복으로 가는 방법도 간단합니다. "사랑해요." 바로 이 한마디입니다.

"미안해요." "고마워요." "사랑해요." 어렵지 않지요? 이렇게 매일매일 삼사 순례를 하는 것입니다. 매 순간 '간절'한 마음으로 기도하고, '친절'한 마음으로 일체 존재를 마주하고, 수행은 '미고사', 이렇게 살아가는 것이 행복의 길입니다.

문제없는 인생은 없습니다. 우리는 문제를 잘 풀기 위해서 명상을 합니다. 꼬여버린 내 인생, 답답한 내 인생, 풀리지 않은 내 인생을 술술 잘 풀리게 하려면 명상을 해야 합니다. 행복한 사람은 명상이 필요 없습니다. 답답하고 힘들고 하는 일이 제대로 안 되는 사람들은 명상을 통해서 자기를 봐야 합니다.

  명상하겠다고 헤매고 다니지 마십시오. 지금 이 순간 나의 행동, 나의 말, 나의 생각을 잘 알아차리면서 보십시오. 내가 아버지에게 어떻게 하고 있는지, 어머니에게 어떻게 하고 있는지 배우자에게 어떻게 하고 있는지에 따라서 내 삶이 행복으로 가기도 하고 불행으로 가기도 합니다. 지금 이 순간 만나는 사람과 지금 이 순간 하고 있는 일에 최선을 다하면 행복은 보장되어 있습니다.

  자! 이제 눈을 감고 내 안의 깊은 곳의 소리를 느껴보십시오.

  지금 이 순간 내 마음은 어떤가? 내 안에 나를 가로막았던 것들은 무엇인가?

  우리는 부끄러움과 습관들, 또 여러 가지 핑계를 대며 행복하지 못했습니다. 이런 장애들이 계속 걸림돌이 된다면 내 삶은 한없이 힘들어질 것이며, 이 장애의 요소가 디딤돌이 된다면 내 삶은 지금보다 나은 방향으로 나아갈 수 있을 것입니다. 명상은 바로 그것을 보는 것입니다. 지금의 나를 보는 것입니다.

  행복으로 향하는 사무량심 기도문을 소개하겠습니다. 가까이 두고 매일 읽다보면 조금씩 달라지는 자신을 느낄 수 있을 겁니다.

모든 존재가 행복하소서
더하여 행복의 인연을 짓게 하소서

모든 존재가 괴로움에서 벗어나소서
더하여 괴로움의 인연을 짓게 하소서

모든 존재기 고통을 넘어 행복으로 가게 하소서
더하여 행복에서 멀어지지 않게 하소서

모든 존재가 좋은 것은 가까이하고
싫은 것은 멀리하려는 마음을 넘어 오로지 평등심에 머물게 하소서

# 일상 스트레스 관리하기

**서광스님**

동국대학 불교대학 교수이며 (사)한국명상심리상담연구원 원장이다. 심리학 전공으로 미국에서 종교심리학으로 석사, 자아초월심리학 박사학위를 취득했으며 MSC(Mindful Seil-Compassion) 명상프로그램을 한국에 도입해 지도자를 양성해 왔다.
저서로 『치유하는 유식 읽기』 『치유하는 불교 읽기』 『단단한 마음공부』 등이 있으며, 『전문가를 위한 마음챙김, 자기연민 가이드북』 『명상, 마음 그리고 심리학적 통찰』을 번역했다.

* 2023 서울국제명상엑스포 '선지식·지성인과의 만남'의
**서광스님** 영상을 ▶YouTube로 볼 수 있습니다.

여러분, 요즘 어떻게 살고 계신가요? 일상의 스트레스를 감내하며 생존의 늪에서 살아가느라, 정작 자신이 힘든지도 모를 정도로 무감각하게 살고 있지는 않은가요? 그 어느 때보다도 자기연민 수행이 필요한 때입니다.

자기연민은 사무량심 수행인 자비희사慈悲嬉捨의 네 가지 수행에서 비심悲心, 즉 연민심 수행에 해당합니다. 자기연민 수행의 첫 번째 대상은 자기 자신입니다. 제일 먼저 연민의 마음을 보내야 하는 대상은 우리 자신이라는 의미입니다. 그리고 두 번째 대상은 내가 사랑하는 사람들, 세 번째는 좋아하지도 싫어하지도 않는 중립적인 사람, 네 번째가 싫어하고 미워하는 대상들입니다. 우리 자신으로부터 출발해서 사랑하는 사람, 좋아하지도 싫어하지도 않는 사람에게 연민심을 보내는 것은 비교적 쉽다고 느낍니다. 그렇지만 네 번째 미워하는 사람, 원수에게 연민심을 보내는 수행은 쉽지 않지요. 상당히 도전적입니다. 그럼에도 이러한 과정을 거친 후 비로소 마지막 다섯 번째로 세상에 존재하는 모든 일체 중생들을 향해 연민심을 확대하는 것입니다.

왜 첫 번째 대상이 우리 자신일까요? 자애 수행이나 연민 수행에서 자애와 연민심을 보내는 대상을 자신으로부터 시작하는 이유는 무엇일까요? 바로 자신을 미워하면서 타인을 사랑하는 것은 불가능하기 때문입니다. 자신에게 친절하지 않거나 연민심을 가지지 못하는 사람은 진정으로 다른 사람들에게 친절하거나 연민심을 줄 수가 없습니다. 그렇기에 자애와 연민 수행은 그 첫 번째 대상으로 우리 자신을 선택합니다.

우리 현대인들은 대체로 자신을 못마땅해 하고 미워하는, 즉 자기 비난을 많이 합니다. 갖가지 중독과 우울 또는 트라우마로 고생하는 분들의 대표적인 증상 가운데 하나가 자기비난입니다. 이러한 현상은 요즘 서구 명상프로그램 가운데 자기연민 수행이 인기를 얻고 있는 이유이기도 합니다.

상당수의 현대인들은 자기연민 수행에 익숙하지 않은 편입니다. 내가 나에게 친절하고 내가 나에게 연민을 준다는 것에 대해 일상에서 갖는 동정심과 헷갈려 하거나 좀 어색하게 생각하는 분들이 있어요. 자기연민은 동정심을 준다는 의미가 아닙니다. 이 '비심悲心'에는 세 가지 요소가 들어 있어요. 마음챙김, 자기친절, 보편적 인간 경험입니다. 마음챙김은 많이 알고 있는 것처럼 사띠sati를 의미하며, 자기친절은 말 그대로 자신에게 친절한 것을 의미합니다. 보편적인 인간 경험은 인간이라면 누구나 겪을 수 있는, 즉 인간의 경험에 대한 관점입니다. 누구나 살다가 보면 화낼 수 있고 우울할 수 있고 질투할 수 있죠. 누구나 때로는 굉장히 거룩하고, 때로는 굉장히 치사하고 더럽기도 하고 깨끗하기도 한, 이런 다양한 측면을 가지고 있다는 겁니다.

우리가 살다가 힘든 상황에 처하게 되면 어떻게 하죠? '누가 나를 이렇게 힘들게 만들었나?', '누구 때문에 내가 이렇게 되었나?'라면서 알게 모르게 나를 힘들게 만든 원인 제공자를 찾게 됩니다.

또 다른 반응으로는 누군가 날 위로해 줄 상대를 필요로 하게 되겠지요. 모두들 내가 좋아하는 사람이, 가족이, 사랑하는 사람이, 친구가 날 위로해 주고 날 포용해 주고 날 사랑해 주길 바라잖아요? 그렇게만 될 수 있다면 얼마나 좋겠어요. 하지만 현실은 어떤가요? 어느 정도는 사랑하는 사람끼리 서로 위로해 주고 힘이 되어 줄 수 있지만, 세상의 그 누구도 내가 원하고 필요한 때에 필요한 만큼 항상 해 줄 수는 없어요. 그들 역시 나처럼 힘들게 견디며 살고 있거든요. 다른 사람을 위로해 주고 돌봐줄 수 있는 여유로운 마음, 혹은 여분의 에너지를 갖고 있는 사람들이 그리 많지가 않습니다. 그렇기에 정신 치료나 상담 분야에 종사하는 사람들이 점점 늘어나고 있는 것이죠. 내가 의지하고 사랑하는 사람에게서 기대했던 위로나 돌봄을 받기가 쉽지 않음을 알고 경험하게 되면, 사는 것이 허무해지고 배신감도 느끼고 슬프고 외롭고 온갖 감정이 밀려들기도 합니다. 인생을 잘못 살았다는 생각으로 더 큰 상처를 받게 되는 거죠.

바로 이럴 때 자기연민이 필요합니다. 내가 힘들 때 가장 나를 잘 도와주고 돌봐 줄 수 있는 사람이 누구일까요? 바로 나 자신입니다. 그러니까 내가 스트레스를 받거나 일상에서 힘들고 어려울 때, 내가 즉각적으로 나를 돌보고 내가 나에게 필요한 것을 제공해 주는 것을 자기연민이라고 합니다. 물론 내가 힘들 때 누군가에게 도움을 청하는 것도 자기 돌봄의 한 방법입니다. 좀 더 적극적인 방법이죠. 그러나 문제는 사랑하는 사람, 가족이라 할지라도 내가 필요로 하는 순간에 항상 내가 필요로 하는 만큼 즉각적으로 그 역할을 해 줄 수는 없다는 겁니다. 그렇기에 우리는 내가 나를 돌보고, 내가 나에게 친절하고, 내가 나에게 필요한 걸 제공해 주는 방법을 익혀야 합니다. 자기연민 수행을 배우고 훈련해야 하는 겁니다.

예를 들어 제가 강의를 하던 중에 목마름을 느낍니다. 지금 목이 마르니까 당장 물을 마시고 싶은데 주위에 물이 없어요. 그럼 어떻게 해야 할까요? 강의 중간에 물을 달라고 요청하기도 좀 그렇고, 상황이 어색하니까 목이 말라도 꾹 참아야 할까요? 물론 참을 만하면 참는 것도 나쁘지 않겠죠. 그러나 목이 말라서 말하는 데 불편을 겪는 정도라면 무조건 참을 일은 아닙니다. 그냥 잠깐 강의를 중단하고 "물 한 잔 마시겠습니다."라고 물을 요청하거나 직접 가져와서 마시는 거예요. 이처럼 자기연민은 다른 누군가가 나에게 해주기를 바라지 않고 내가 필요로 하는 것을 내가 나에게 직접 제공하는 거예요. 그러면 내 파트너, 남편 혹은 아내가 무언가를 해주길 바라는 마음도 줄어들게 된다는 겁니다. 내가 일차적으로 나를 돌보고, 그럼에도 뭔가 도움이 필요하다면 그 부분에 대해서만 도움을 청하면 큰 부담이 없겠죠. 반면에 모든 것을 전적으로 또는 일방적으로 해 주길 원한다면 어떨까요? 서로가 부담스럽죠. 그 상대방이 자식이나 부모라도, 남편 혹은 아내, 친구 등 누구든 상대방도 그 자신의 힘겨움이 있지 않겠어요?

자기연민을 가장 잘하기 위해서는 우선 마음챙김이 중요합니다. 나의 힘든 상태를 빠르게 감지하는 능력이 필요하고, 힘든 순간을 알아차린 후에는 지금 이 순간 내가 무엇이 필요한지를 알아야 합니다. 그리고 자신이 필요한 것을 스스로 제공하면 됩니다. 내가 나를 잘 돌보게 되면 여유가 생기겠지요. 자연스레 주변을 돌보고 배려하는 능력도 커지게 됩니다. 우리가 마음 수행을 하다보면 불편한 마음도 더 빨리 알아차리게 됩니다. 자기돌봄도 그만큼 빨라지겠지요. 한참을 참고 견딜 만큼 견디다 나중에 터지면 걷잡을 수 없게 되어 더 큰 상처와 고통으로 이어집니다. 그러기 전에 그때그때 필요한 것을 내가 나에게 제공해 주는 수행을 해야 합니다.

만약 내가 나를 잘 돌보지 않게 되면 무슨 일이 일어날까요? 상대에게 필요한지 아닌지도 모른 채 내가 무의식적으로 원하는 것들을 끊임없이 상대에게 제공해 주면서, 상대도 날 위해 내가 원하는 것을 해주길 바라게 됩니다. 내가 원하는 것들이 충족되지 않으면 서운한 감정이 생기고 원망하게 되지요. 점차 부담스러운 관계가 되는 거죠. 계속해서 조금씩 서로 어그러지기 시작해요. 아마 대부분이 그러한 경험을 해보셨을 겁니다. 예전에는 분명히 서로 좋아하고 어느 정도 예의도 지키는 편한 관계로 만났지만, 세월이 지나면서 알게 모르게 불만이 누적되고, 심하면 돌이키기 어려운, 혹은 돌아올 수 없는 강을 건너게 된 관계들이 있습니다. 사랑하는 사람과의 관계뿐 아니라 모든 관계에서도 마찬가지입니다. 건강하고 지속가능하고 안정적인 관계를 유지하려면 기본적으로 내가 나를 돌보는 능력을 계속 향상 시켜야 합니다.

이러한 태도는 이기적인 것과는 아주 다릅니다. 연구에 의하면 자기연민이 잘 되는 사람일수록 파트너나 친구, 결혼 관계나 가족 관계에서 문제가 일어났을 때 훨씬 더 빠르게 자기 잘못을 인정할 줄 알고, 상대에 대한 배려심도 훨씬 높다고 합니다. 실제로 사무량심 수행에서 자애와 연민 수행의 대상으로 제일 먼저 자기 자신을 선택하게 한 이유도 이와 다르지 않습니다. 불교의 가장 궁극적인 가치 중 하나는 자리이타입니다. 자기연민 역시 이기적이거나 자기중심적인 것이 아닙니다. 아주 단순하게 내가 뭔가 필요로 하는 것이 있을 때 그것을 내가 스스로에게 제공해 주는 능력입니다. 그렇기 때문에 우리는 자기연민의 역량을 키워야 합니다. 그러지 않으면 성인이 되어서도 계속 일방적으로 요구하는 사랑에서 벗어나기 어렵습니다. "나를 인정해 줘." "나를 사랑해 줘."라는 마음이 밑바탕에 깔리게 되거든요. 그러면 처음에는 좋은 관계일지라도 시간이 지나면서 상대가 지치게 되고 피곤하게 되고 부담스러워져요. 동시에 나는 계속 섭섭하고 서운해지게 되는 겁니다.

한 가지만 기억하세요. 내가 힘들거나 불편할 때 "지금 나에게 필요한 것이 뭐지?"라고 스스로에게 질문하는 겁니다. '기분 전환을 좀 하는 것이 좋겠다.'라는 생각이 들면 기분 전환을 하면 됩니다. 쫓기는 듯 마음의 여유가 없어 숨이 가빠오면 충분히 집중해서 심호흡을 해보고, 뭔가 맛있는 음식이 필요하면 먹고 싶은 음식을 우리 자신에게 대접하는 것입니다. 정성스럽게 사랑하는 마음으로요. 그렇게 나를 대우해 주면 나의 몸과 마음이 훨씬 긍정적으로 변화합니다. 어린시절 필요했던 사랑을 충분히 못 받고 자랐기 때문에 자란 후에도 사랑하는 사람이 날 돌봐주면 좋겠다는 생각을 하곤 합니다. 그럴 때는 상대방 또한 그러한 바람을 갖고 있음을 기억하세요. 세상의 거의 모든 사람들은 사랑과 인정을 갈망하기 때문입니다. 그러므로 사랑을 지속적으로 갈망하고 요구하는 모습은 상대방을 피로하게 만들 수 있습니다. 건강한 관계를 위해 자기연민 수행이 굉장히 중요한 이유죠.

부모자식 간의 관계에 대한 질문도 참 많아요. 언젠가 아들 셋을 키우는 한 어머니가 하루하루 정신없이 일상을 보내다 보니 자녀를 잘 대하고 있는지 고민이라고 질문하신 기억이 납니다. 자녀를 대할 때도 먼저 스스로를 알아차리고 자신에게 묻는 연습이 필요합니다. 자기연민의 첫 단계와 마찬가지죠.

 자녀를 키우다 보면 챙겨야 할 일들이 참 많습니다. 더욱이 아들 셋이면 정말 매순간 정신이 없을 만하지요. 아이들이 말이라도 잘 들으면 하루가 좀 편할 텐데 쉽지 않습니다. 그러다 보니 설거지를 하면서 눈도 마주치지 않고 "아무개야, 이거 좀 해 줄래?"라고 말하기도 하죠. 그러면 대부분 아이들은 듣지 않아요. 어떻게 해야 할까요? 아주 간단한 수행으로 가능합니다. 스스로에게 먼저 물어보는 거죠. 신·구·의身口意 삼업三業이라는 말 들어보셨죠? 몸, 말, 생각으로 하는 행위를 말합니다. 아이에게 말하거나 요청하기 전에 먼저 나의 내면에서 몸과 말과 생각이 서로 일치해야 합니다. 불교심리학의 관점에서 보면 말과 생각, 행동이 일치하지 않고 각가 따로 노는 것이 분열 증상입니다. 정말로 내 아이가 내 말을 경청하게 하려면 아이에게 말하기 전에 일단 나부터 하던 일을 멈추고, 내 말과 생각을 내 안에서 먼저 일치시켜야 합니다. 어떻게요? 스스로 먼저 물어보는 것이죠. "내가 정말로 이 말을 내 아이에게 하고 싶은가?"라고요. 내 눈은 아이의 눈을 바라보고 내 몸은 아이의 몸과 마주해야 됩니다. 그런 다음 아이에게 "아무개야, 엄마를 좀 볼래?"라고 말하세요. 아이가 내 눈을 보고 있는 것을 확인하고 난 후 말을 건네는 겁니다.

 "아이 셋 키워보면 얼마나 정신없고 바쁜데, 눈을 마주칠 시간도 없어요."라고 할지도 모르겠습니다. 하지만 아무리 바빠도 내 몸과 생각과 말이 일치해야 합니다. 생각나는 대로 무심코 아이에게 말을 하다 보면, 정작 아이 입장에서는 엄마가 하는 모든 말들이 잔소리로 들릴 수밖에 없거든요. 꼭 필요하고 옳은 말인지, 자녀에게 해야 하는 말인지를 먼저 스스로에게 물어본 후 꼭 눈을 맞춘 채로 그 생각을 전달하세요.

또 한 가지, 아이를 한 사람의 동등한 인간으로 존중해야 합니다. 부모로서 아이가 건강한 성인으로 자랄 수 있도록 정신적·물질적 필요를 충족시켜주는 것은 아주 중요합니다. 아이에게 힘이 되어 주고 용기와 지지, 격려를 보내는 것 또한 매우 중요하죠. 그런데 아이는 아이 자신이 겪으면서 가야 할 인생의 여정이 있어요. 세상의 많은 부모들은 아이가 겪는 갈등과 고통들을 대신 아파할 수 있기를 원하지만, 안타깝게도 그럴 수 없는 부분이 있습니다. 반드시 고통을 통해서만 얻을 수 있는 교훈이 있거든요. 아이가 겪어야 할 이런 경험들, 예를 들어 어떤 형태의 도전적인 상황이나 또래 관계, 학습 문제 등에 대해 부모가 개입해서 해결하려는 자세는 지양할 필요가 있습니다. 부모가 아이에게 굳은 신뢰와 용기를 주는 건 좋지만, 그 아이를 대신해서 죄책감을 느끼거나 과도한 기대나 바람을 갖는 것은 굉장히 위험합니다. 자기 인생의 주인공이 되어야 할 아이를 객으로 만들고, 아이로 하여금 당면한 문제에 대해 수동적인 태도를 갖게 하기 때문이지요. 그러한 마음은 결과적으로 자신을 비난하거나 또는 남편을 원망하는 마음으로 변질될 수도 있습니다. 심하면 알게 모르게 자녀를 미워하게 될 수도 있습니다.

그러한 마음이 일어날 때 어떻게 해야 될까요? 수행을 할 때 계율이라는 말 들어 보셨죠? 계율로 정해 보세요. 내가 절대 하지 말아야 할 것들을 목록으로 만드는 겁니다. 예를 들어, "어떤 경우에든 아이 문제로 남편을 비난하지 않겠다."는 다짐을 적어서 본인에게 계속 상기를 시키는 겁니다. "내 아이는 스스로 겪어야 할 인생의 여정이 있다." "나는 내 아이가 행복하고 건강하게, 그리고 자기 인생을 잘 살아갈 수 있도록 엄마로서 할 수 있는 최선을 다하겠지만, 그럼에도 내가 할 수 없는 일이 있음을 분명히 인정한다." "아이의 인생을 대신 살아줄 수 없기에 아이의 경험과 도전을 지켜보면서 잘 헤쳐 나가기를 바랄 것이다." 등등. 이러한 문구들을 만들어 매일 읽고 마음을 살피는 겁니다. 우리 모두는 인간이기에 아무리 다짐을 해도 약해지고 결심을 깨뜨릴 수가 있어요. 그럴 때는 부처님 전에 나와서 기도를 하며 다시 마음을 다잡아 보세요.

배우자 또한 나름대로 최선을 다하고 있다는 사실을 기억하고 이해하세요. 만일 배우자를 비난하는 마음이 있었다면 이제부터 자녀들을 위해서 수고하는 남편 혹은 아내를 향해서 매일 칭찬 한 가지를 하겠다고 마음먹어 보세요. 물론 쉽지 않겠지요. 간혹 대단히 어려운 일일 수 있습니다. 그렇기에 계율로 정해야 한다는 것입니다.

부부나 부모 자식 등 감정적으로 밀접한 관계를 대함에 있어, 스스로에게 필요한 다섯 가지를 계율로 정리해 매일 아침, 저녁으로 한 번씩 읽어보시길 권합니다. 어느 순간에는 애써 노력하지 않아도 자연스레 실천하고 있을지도 모르죠. 아침에 일어나 나만의 오계를 읽고 배우자에게도 용기를 주며 칭찬을 해주는 겁니다. 부부 사이나 자녀 문제는 특히나 계율로 정하는 것이 효과적입니다. 다른 관계에 비해 상당히 집착하고 요구하며 사랑하는 관계이기 때문입니다. 사랑하는 사람끼리 서로 집착하고 요구하고, 또 사랑하기 때문에 미워하고 실망하는 것은 지극히 인간적인 것입니다.

우리는 누구나 다 장단점을 갖고 있으며 한계가 존재합니다. 완벽할 수 없어요. 지금보다 더 나은, 보다 의미 있는 인생을 살고 싶다면 자신을 알아차리고 관계를 차분하게 들여다보세요.

무엇보다 자신을 너무 채찍질 하지는 마시길 바랍니다. 매일 스스로를 위한 칭찬도 하나씩 되새겨 보세요. 나를 위한 칭찬, 배우자를 위한 칭찬, 그리고 자녀를 위한 칭찬들이 하루에 한 개씩 쌓이다 보면 긍정적인 관계로 이어질 수 있습니다.

# 03

## 참나를 찾는 선 명상

몸과 마음의 단련, 그리고 극복과 초월
Just do it 다만 할 뿐
바른 믿음, 바른 앎, 바른 실천

# 몸과 마음의 단련, 그리고 극복과 초월

### 혜거스님

대한불교조계종 대종사로 현재 한국명상지도자협회 이사장, 한국전통불교연구원 원장, 동국대학교 동국역경원 원장 소임을 맡고 있다. 금강선원 선원장과 대원정사 회주, 탄허불교문화재단 7대 이사장 및 탄허기념불교박물관 관장이기도 하다. 조계종 대종사로 조계종 포교대상과 대한불교진흥원 대원상을 수상했다.
저서로 『한암일발록』 『금강경 강설』 『좌선의』 『한국, 선을 잇다』 『명상으로 10대의 뇌를 깨워라』 등이 있다.

* 2023 서울국제명상엑스포 '선지식·지성인과의 만남'의
  **헤거스님** 영상을 ▶ YouTube로 볼 수 있습니다.

"스님, 세상이 걱정스럽습니다. 세계 곳곳에서 전쟁이 벌어지고, 천재지변은 끊임없이 일어납니다. 또 일찍이 찾아볼 수 없던 질환이 끊임없이 발생하여 세상을 놀라게 합니다. 이러한 상황에서 우리가 지금 해야 할 일은 무엇일까요?"

41개국 대사 부인을 대상으로 명상 교육을 진행할 때 어느 대사 부인이 한 질문입니다. 이 질문은 천재지변, 전쟁, 질병이 없는 아름다운 세계를 발원하는 마음에서 비롯된 것이겠지요. 하지만 본질적으로 생각해 보면 세계평화를 발원하는 마음, 온갖 고통에서 벗어나고 싶은 마음, 끝없는 욕망을 성취하고 싶은 마음 등. 그 모든 생각들이 번뇌가 되고 고통으로 이어지게 됩니다.

우리는 보다 근본적인 문제에 대해 질문해야 하고, 그 답을 찾는 방법을 알아야 합니다. 천재지변이 찾아오는 이유는 뭘까요? 왜 전쟁이 일어나고 질병이 생겨날까요? 온갖 욕망과 번뇌가 고개 드는 까닭은 무엇일까요? 그러한 문제를 근본적으로 해결하기 위해서는 부단不斷의 정진이 필요합니다. 바로 참선이지요. 참선 명상은 사물의 진리를 깨닫고 번뇌 망상의 원인을 알아 고통에서 벗어날 수 있도록 도와주는 묘약입니다.

참선 명상은 먼저 재財·색色·식食·명名·수壽 5욕의 쾌락, 게으름, 그리고 남을 멸시하는 오만심을 내려놓기 위한 몸과 마음의 단련입니다. 인간의 모든 욕망을 내려놓는 과정, 즉 모든 반연을 끊는 외식제연外息諸緣으로부터 시작되는 것입니다. 이를 통해 일신의 욕망을 극복하고 마음을 단련하여 잘못된 습관을 바로 잡을 수 있으며, 가장 부족했던 자신의 단점을 고치고 고쳐 더는 고칠 것이 없는 경지에 이르게 하는 공부가 바로 참선 명상의 기조라 할 수 있습니다. 사물을 바로 보고 진리를 바르게 아는 공부, 깊은 사색으로 창조적 사고로 전환할 수 있는 참선 명상을 통해 세간법과 출세간을 초월할 수 있는 선禪은 자아를 형성시키고 인격을 승화시켜 삶의 질을 높이고 종래에는 죽음조차도 초월하게 해주는 것입니다.

이처럼 선禪은 혼몽에서 깨어나 눈을 밝고 바로 뜨게 해주며, 세상에 대한 바른 인식과 긍정적인 안목을 갖추도록 마련해주는 묘법입니다. 따라서 천재지변과 전쟁 그리고 질병 등을 극복할 수 있고 초월하는 방법을 묻는다면 참선 명상을 통해서 가능하다고 하겠습니다.

그렇다면 참선 명상의 수행 방법은 무엇일까요? 오늘날 여러 가지 방법들이 제시되어 있으나, 결국에는 사물에 대한 깊은 통찰력을 기르고 자기 자신의 내면세계를 반조返照하여 투과하는 공부법으로 귀결됩니다. 선은 해탈과 마음의 깨달음에 초점을 맞추고 있으며, 엄격한 수행과 자기 절제 및 자기 탐구의 방법을 제시해 불교의 수행법 가운데에서도 가장 실천적이고 가장 구체적인 방법이라고 할 수 있습니다. 참선 명상의 수행 방법을 알아보기 위해 우리는 무엇보다 옛 경전에서 이 질문에 대한 답을 찾아야 합니다. 즉, 불보살의 깊이 있는 지침을 토대로 현실에 맞는, 그리고 수행자의 특성에 맞는 수행을 모색해야 하는 것이지요. 그래서 '좌선의 坐禪儀'에 의한 철저한 수행 실천의 필요성과 『기신론起信論』의 참선 수행법을 중심으로 정리하고, 이어 몸과 마음을 극복해가는 구체적 방법을 알려드리고자 합니다.

선을 수행하는 데는 많은 방법이 있으나 좌선의 수행법이 가장 기초적이고 가장 대표적인 수행법이라고 할 수 있습니다. 좌선의 수행법에 따르면, 먼저 왜 참선 수행해야 하는가에 대한 서원을 정립하고 그 위에 삼매정진의 노력을 해야 합니다. 참선 수행을 하려는 사람은 먼저 대자비심을 일으켜 큰 서원을 세우고, 정밀하게 삼매를 닦아서 맹세코 중생을 제도할 것이며 자신만을 위해 해탈을 구하지 말아야 한다고 가르치고 있습니다. 이는 곧 참선하는 사람의 서원이요, 대원력이라 할 수 있습니다. 이러한 원력을 바탕으로 수행에 임해야 하는 것입니다.

원력이란 건물을 쌓기 위한 기초와도 같은 것입니다. 이 기초 위에서 삼매를 정밀하게 닦아야 합니다. 삼매를 닦는다는 것이 곧 참선 수행의 핵심입니다. 하지만 삼매를 닦는 방법은 수만 가지이기에 그 맥락을 잡기가 참으로 어렵습니다. 미국에서 출가한 스님들의 사례를 들어 삼매정진의 길을 설명해 보겠습니다.

1970년 숭산스님이 미국 현지에서 예일대학 출신의 출가자를 지도하시다가 한국의 화계사로 데려와 참선을 가르치게 되었는데, 그 당시 구참납자인 견향스님에게 입승을 맡겼습니다. 견향스님은 말이 통하지 않는 미국인 스님을 가르칠 방법이 없어 아침 공양이 끝나면 입선 죽비를 쳐 모두 앉히고, 점심 공양 때까지 방선參禪중쉬는시간 없이 앉아 있게 했습니다. 장시간 앉아 있던 미국 스님들은 너무 고통스러운 나머지 얼마나 울었던지 두 눈 밑에 하얀 소금발이 맺혀 있었습니다. 그렇게 고통을 감내한 미국 스님들의 모습을 목도한 견향스님은 그들의 끈질긴 인내력에 감동을 받았다고 합니다. 그 당시 수행에 참가했던 미국 스님들은 현재 미국 불교를 이끌어가는 최고의 지도자가 되어 있습니다. 참선 명상의 첫 관문은 자기 자신의 극복에 있다는 것을 여실히 보여준 사례라 하겠습니다.

참선 명상은 이처럼 구두선口頭禪이나 모방선模倣禪이 아니라, 스스로 자신을 극복하여 스스로 깨달아 가는, 자아 정진의 길임을 명심해야 합니다. 좌선의에는 세세한 부분들이 많지만 가장 중요한 핵심을 말씀드리자면 대원력, 대정진이라고 하겠습니다. 이 두 가지만 지니면 여타의 문제는 모두 그 가운데서 해결되기 때문입니다.

다음으로 『기신론』의 선 수행을 정리해 보겠습니다. 마음의 근본 자리이자 극치인 깨달음의 세계를 밝힌 『기신론』에서 언급한 네 가지 지혜를 '사지원성四智圓成'이라 합니다. 참선 명상의 궁극적 구경 도리는 반야지혜의 깨달음에 있기 때문입니다. 사지원성은 육조 대사께서 네 가지 지혜四智로써 수행 계차階次를 설명하신 바 있기에, 기신론의 4단계 수행 계차에 배대하여 정리해 보고자 합니다. 이러한 수행 체계는 곧 명상 수련의 4단계에도 해당하기 때문입니다.

먼저, 불각不覺의 경지입니다. 이는 전5식前五識의 경지로, 마음의 근본 자리를 깨닫지 못하여 구경각究竟覺이 아니므로 이를 '깨닫지 못했다不覺'고 말합니다. 범부 중생의 경지이며 5관五觀의 세계로, 모든 생명체의 의식, 심지어 미물의 감각 기능도 여기에 해당합니다. 눈은 빛이 있어야 감지하고 귀는 소리가 있어야 감지하고 코·입·손·발 모두가 상대가 있어야 감지하므로, 육조스님은 이를 '성소작지成所作智'라 말했습니다. '성소작지'가 정관正觀에 이르지 못함은 7지 악업七支惡業의 장애 때문입니다. 7지 악업은 살생·도둑·음란·망어·기어綺語·양설兩舌·악구惡口로써 5관五觀 작용의 장애이므로, 먼저 7지 악업을 소멸해야 5관이 청정해집니다. 이는 중생 범부의 첫 수행 단계에 상당하는 것입니다.

두 번째는 의식意識의 경지입니다. 이승과 초발심 보살의 경지로, 추분별麤分別 집착상執著相을 버렸기에 얼핏 보면 깨달음처럼 보이므로 '상사각相似覺'이라고도 합니다. 이는 제6 의식意識의 심소心所로 보고 듣고 배운 바를 사량분별 하여, 집착하면 범부가 되고 집착하지 않으면 육식의 지혜가 됩니다. 이 경지는 탐貪·진瞋·치癡·만慢·의疑·악견惡見 등 여섯 가지 번뇌를 끊어야 초발심보살의 지위에 이를 수 있습니다. 이를 육조스님은 '묘찰관지妙觀察智'라 말했습니다. 특히 여섯 가지 번뇌 가운데 '악견'에는 다섯 가지의 악견五惡見이 있는 바, 잘못된 인식의 문제를 파악하고 이를 철저히 배제한 데서 정관正觀을 성취할 수 있습니다.

다섯 가지 악견은 다음과 같습니다. '나我'라는 것과 '나의 것我所'이라고 집착하는 신견身見, 사후의 세계를 믿지 않는 단견斷見,

즉 변견邊見과 인과를 믿지 않은 사견私見, 아견我見에 집착한 견취견見取見, 잘못된 계율 내지 종교관에 의한 계금취견戒禁取見입니다.

다섯 가지 악견이란 잘못된 인식, 그릇된 사고를 말합니다. 인식과 사고의 정신이 그릇되면 그의 언행 및 생활 양상은 더 이상 논할 수도 없는 것입니다. 때문에 우리는 건전하고 바른 정신을 위해 다섯 가지 악견을 철저히 떨쳐내야 합니다. 이처럼 잘못된 인식과 심리를 배제하고자 참선 명상에 매진하는 것입니다.

세 번째는 보살菩薩의 경지입니다. 법신보살의 깨달음 지혜覺智로, 이를 수분각隨分覺이라 말합니다. 지혜·자비·공덕 등 어느 한 부분에 정통한 경지이며, 제7 말나식末那識으로써 잠재력 예지력의 마음心所입니다. 이는 아직도 우매, 무지, 무명의 아치我痴, 육체 또는 정신을 집착하는 아견我見, 교만하여 타인을 경시하는 아만我慢, 탐욕과 애욕의 대명사인 아애我愛의 네 가지 번뇌四煩惱에 집착합니다. 이를 닦아 무념無念의 경지에 이르러야 피차의 분별이 끊어지고 마음의 병이 소멸하기에 이를 육조스님은 평등성지平等性智라 말하였습니다. 이는 아직도 깊숙이 남아있는 '나'라는 번뇌의 뿌리를 없애고자 수행하는 단계입니다.

마지막으로 네 번째는 구경究竟의 경지입니다. 이는 참선 명상의 최고 경지인 원성실성圓成實性이며 구경각究竟覺입니다. 『기신론』에서 제3의 보살 경지가 다하면 만족한 방편으로 일념이 상응하여 마음이 처음 일어남을 깨달을 때에 마음이 처음 일어난다는 생각마저 없어서 미세한 생각微細念까지 모조리 떨쳐버린 까닭에 마음의 근본 자리를 보아 마음이 언제나 머물러 있기에 구경각이라 합니다. 이를 제8 아리야식으로서 심왕心王이며, 원성실성이라고도 합니다.

이러한 마음心所은 뒤덮어 가릴 수 없는 무기無覆無記로, 금생의 업은 모두 소멸할 수 있으나 다생多生에 쌓아온 업은 삼매가 아니면 소멸할 수 없습니다. 육근의 의식은 일념一念으로 수행하고, 칠식七識의 예지력은 자나 깨나 하나같은 오매일여寤寐一如 무념으로 수행해야 합니다. 제8 아뢰야식 구경각은 삼매를 닦아야 성취할 수가 있습니다. 이러한 마음의 경지를 육조스님은 마음에 집착이 없어 마음이 청정한 대원경지大圓鏡智라 말했습니다.

이처럼 참선 수행을 통해 중생의 악견, 그리고 살생·도둑·음란·망어의 극악한 업이 소멸하면 전쟁과 질병의 고통에서 벗어나게 됩니다. 또 곧은 마음으로써 한 생각의 집착을 끊으면 질투와 증오심이 소멸하며, 오매일여의 무념을 닦아 예지력이 열리므로 중생들에게 극락정보를 이뤄주고 다생의 업장을 소멸하여 천재지변이 없는 세계를 성취할 수 있습니다. 이러한 큰 서원을 세워 참선 명상의 수행으로 정진하노라면 반드시 전쟁·질병·천재지변 등이 없는 아름다운 극락정토가 바로 이 사바세계에 구현, 성취될 것입니다.

이번에는 구체적인 참선 명상의 방법으로 몸과 마음을 극복하는 수행에 대해 알려드리겠습니다. 먼저 몸을 조절하고 또 극복하는 수행 방법으로 좌선의 의식과 호흡법이 중요합니다. 좌선 명상을 잘하기 위해서는 먼저 좌선 시 몸의 자세를 알아 잘 조절해야만 합니다. 먼저 앉는 자세로 다음의 아홉 가지를 갖춰야 합니다.
① 크고 작은 두 장의 방석을 준비합니다.
② 허리띠를 늦추어 몸과 호흡을 자유스럽게 합니다.
③ 그 다음은 방석 위에 결가부좌 내지 반가부좌도 무방합니다.
④ 손은 법계정인法界定印, 즉 예로부터 망념을 버려 움직이지 않고 마음을 한 곳에 모아 삼매경에 들게 하는 수인手印으로 입정入定을 상징합니다.
⑤ 발과 손의 위치가 정해져서 정좌正坐하고 난 뒤에는 몸을 천천히 앞과 뒤, 왼쪽과 오른쪽으로 반복해서 흔들어 몸의 중심을 잡은 뒤 허리를 반듯이 편 후 긴장을 풀고 단정히 앉습니다.
⑥ 왼쪽으로 기울거나 오른쪽으로 치우쳐서도 안 되며, 앞으로 구부리거나 뒤로 젖혀서도 안 됩니다. 중요한 것은 귀와 어깨가 나란히 되도록 하고, 코와 배꼽이 일직선이 되도록 하며, 혀는 윗잇몸에 대고 입술과 이는 맞붙입니다.
⑦ 눈은 반드시 떠야 합니다. 옛 선지식들은 눈을 감고 참선하는 자를 흑산귀굴黑山鬼窟에 들어간다고 말하였습니다. 눈을 감으면 마음이 고요하고 정신이 집중되는 듯하지만, 금방 혼침에 떨어지기 쉽기 때문입니다.
⑧ 시선은 집중표에 고정합니다. 집중표는 앉은 자리에서 팔을 최대한 뻗어 손끝이 닿는 지점에 놓습니다. 집중표를 집중할 때는 눈에 힘을 빼고 지긋이 편안하게 응시합니다.
⑨ 좌선 시간은 50분이 기본이지만, 50분에 익숙해질 때까지 30분부터 시작하여 차츰 시간을 늘려갑니다. 50분 좌선한 후엔 5~10분 포행을 합니다.

이것이 가장 기본적인 참선 명상의 자세입니다. 이러한 자세를 통하여 집중표를 바라보면서 호흡의 조정을 통해 혼침과 들뜨는 掉擧 마음을 억제하여 무념의 경지에 들어야 합니다.

호흡법의 종류로는 크게 호흡하면서 숫자를 세는 수식관數息觀과 호흡을 따르는 수식관隨息觀 두 가지가 있습니다.

먼저 수식관數息觀은 산란한 마음을 가라앉히기 위해 생각을 호흡에 일치시켜 숫자를 세어가는 것念息合爲一數입니다. 만약 호흡을 세는 것과 마음이 일치하지 않고 혹시 다른 생각을 하고 있다면 이를 빨리 알아차리고서 마음과 호흡이 일치하도록 해야 합니다.

다음으로는 호흡을 따르는 수식관隨息觀입니다. 고요한 곳에 반듯이 앉아 호흡을 의식적으로 조절함 없이 자신이 쉬는 호흡을 그대로 느끼되, 길게 들이쉬고 내쉴 때는 그 길다는 것을 알고, 짧게 들이쉬고 내쉴 때는 그 짧다는 것을 알아야 합니다. 또한 온몸으로 들이쉬고 내쉬는 것을 느끼면서 마음을 다른 데로 달아나지 못하도록 하는 것입니다.

이와 함께 『소지관小止觀』에서 논급한 호흡으로는 풍風·천喘·기氣·식息 네 가지 양상이 있습니다. 풍風은 씩씩 소리 나는 호흡, 천喘은 숨이 차서 내는 호흡, 기氣는 소리도 없고 끊어짐도 없는 호흡, 식息은 호흡이 소리도 없으며 막히지도 않고 거칠지도 않은 호흡을 말합니다. 이 중에서 참선 명상 시에 필요로 하는 바는 안정된 '식息'의 호흡을 통하여 두 가지의 수식관이 이뤄지는 것입니다. 『소지관』에서는 다음과 같이 말하고 있습니다.

"수행자가 선정 삼매에 들려면 조신調身의 적절함을 얻어야 하며, 설령 좌선하지 않더라도 움직임行, 머무름住, 나아감進, 멈춤止 등의 동작을 상세히 살펴야 한다. 만약 동작이 거칠고 조잡하면 호흡도 거칠어지며, 호흡이 거칠어지면 마음이 산란해지고 좌선할 때 번뇌가 생겨 편안하지 못하다. 몸이 비록 좌선 수행 중에 있지 않더라도 언제나 수행하는 마음으로 방편을 지어야 나중에 좌선할 때 몸이 편안해진다."

이 가르침은 수행 중에는 호흡이 언제나 안정된 상태에서 지속되어야 함을 강조하고 있습니다. 인간의 호흡은 이처럼 일상생활 속에서도 중요한 수행의 한 부분임을 알아야 합니다. 이상에서 말한 바와 같이 몸을 조복하였으면, 다음은 마음의 조절입니다. 마음의 조절을 위해 세 가지를 알려드리겠습니다.

첫째, 몸이 안정되고 호흡이 고르면 마음이 조절되어 번뇌가 끊어지고 맑은 마음이 드러나게 됩니다. 이런 상태에서 좋은 일이든 나쁜 일이든 분별심을 내어서는 안 됩니다. 오직 선지식의 가르침대로 수행할 뿐, 결코 그밖에 다른 생각이 있어서는 안 됩니다. 번뇌가 끊어진 자리에서 다시 번뇌를 일으켜서는 안 되기에 그 어떠한 생각도 일으켜서는 안 됨을 강조한 것입니다.

둘째, 초심자는 마음을 일으키지 않으려 해도 자신도 모르는 사이에 마음이 일어나게 됩니다. 마음이 일어나는 것은 허물이 아닙니다. 다만 이 마음이 일어난 줄도 모르고 헤매고 또 헤매는 것이 문제입니다. 따라서 수행정진 중에 번뇌나 망상이 일어날 때는 번뇌나 망상이 일어났음을 곧바로 알아야 합니다. 번뇌와 망상이 일어났음을 알면 그러한 번뇌, 망상은 곧 사라지게 됩니다. 그러면 다시 시선 집중으로 돌아가거나 화두를 들고 정진하면 됩니다. 이는 마치 몸이 아프면 바로 병원을 찾아서 병증을 파악하고 치료하는 것과 같은 일입니다. 병을 지니고서도 병인 줄 모르는 것이 진정 큰 병을 초래하기 때문입니다.

옛 선조사의 말씀을 살펴보면 "한 생각이 일어나면 그것은 망상이지 선정이 아니다. 마음에 한 생각이 일어나는 것은 마치 물거품이 일어나는 것과 같다. 물거품이 일면 물의 맑음을 상실하듯이 마음에 한 생각 일어나면 이미 청정심이 아니다."고 합니다.

달마대사도 오도송悟道頌에서 '심생즉시죄생시心生則是罪生時'라 했습니다. 즉, 마음이 생겨나면 곧 죄가 생기는 때라는 말입니다. 마음이 일어나면 바로 망상임을 말합니다. 육조스님 또한 무상송無相頌에서 '보리본자성 기심즉시망菩提本自性 起心卽是妄' 즉, "보리의 본래 자성에 마음을 일으키면 곧 그것이 망상이다."라고 설한 바 있습니다.

같은 의미에서 영명 연수永明 延壽, 904~976 스님은 『종경록宗鏡錄』에서 "생각이 일어나는 것을 두려워하지 말고, 오직 깨달음이 더딘 것만을 걱정하라. 갑자기 일어나는 생각이 병이요, 이어가지 않도록 하는 것이 약이다."라고 했습니다. 보조 지눌普照知訥, 1158~1210 스님도 『수심결修心訣』에서 "망상이 홀연히 일어나거든 절대로 따라가지 말고, 버리고 또 버려서 무위에 이르러서야 비로소 구경각究竟覺에 이르게 된다."라고 하였습니다. 이러한 가르침들은 모두 한 생각이란 명경지수明鏡止水와 같은 고요한 마음에서 일어나는 물결이자 한 점의 먼지와 같은 존재임을 알려주고 있습니다.

셋째, 마음이 들뜨거나 가라앉거나 급하거나 느슨하지 않은 네 가지 마음을 얻는 것이 곧 마음을 조화롭게 하는 것입니다. 우리가 버려야 할 네 가지 마음의 양상은 다음과 같습니다.

① 부상浮相 : 마음이 산란하게 흔들려 다른 대상을 생각으로 들뜬 마음의 양상
② 침상沈相 : 좌선할 때 마음이 혼침하여 아무런 기억이나 상념想念 하는 바 없이 머리가 자꾸 아래로 처져 가라앉은 마음의 양상
③ 급상急相 : 빨리 삼매에 들어가고자 마음이 조급하면 마음과 기가 위로 향하는 마음의 양상
④ 관상寬相 : 마음이 이곳저곳 유람하여 몸은 힘 빠져 늘어진 뱀과 같고, 입에서는 침이 흐르며 느슨한 마음의 양상

이러한 네 가지 양상이 나타날 때는 반드시 다시 몸을 추스르고 생각을 수렴하여 치달리는 마음을 끊고서 다시 선정 속으로 들어가도록 정진해야 합니다. 마장의 방해를 위해 『좌선의』에서는 좌선의 중요한 방법을 정리하여 "몸의 자세가 이미 안정되고 호흡이 이미 조절되었으면, 하복부를 느슨하게 하고 일체 선악을 생각하지 말라. 생각이 일어나면 곧바로 알아차려야 하고 알아차리면 곧 사라질 것이다. 오래도록 반연을 잊으면 저절로 하나가 될 것이다."고 제시하고 있습니다.

혼탁한 물을 버리지 않고서는 맑은 물을 담을 수 없습니다. 청정한 마음을 위한 참선 명상의 수행은 먼저 우리 육근의 몸에 가까이 존재하는 탁염濁染과 '나'라는 생각부터 버리고 『좌선의』 및

『기신론』의 신행을 따라 정진해야 합니다. 우리의 몸과 마음을 청정무구의 본지本地로 되돌리는 길이 곧 나의 일신의 평화이자 해탈이자, 곧 세계의 청정국토를 구현하는 첩경이 됨을 기억하길 바랍니다.

# Just do it
# 다만 할 뿐

## 주경스님

동국대학교 전자불전문화컨텐츠연구소 소장이다. 현재 조계종 중앙종회 의장 소임을 맡고 있으며 충청남도 문화재위원과 수덕사 박물관 관장, 중앙승가대학교 및 불교방송 이사로도 활동하고 있다. 불교신문사 사장과 동국대학교 감사 등을 역임했다.
저서로 『보지 못하는 것을 본다는 것』, 『선시 에세이_마음 활짝』, 『마음을 천천히 쓰는 법』 등이 있다.

\* 2023 서울국제명상엑스포 '선지식·지성인과의 만남'의
**주경스님** 영상을 ▶ **YouTube**로 볼 수 있습니다.

    부처님 재세 시 직접 계를 받고 가르침을 받아 수행을 한 스님을 상수 제자라고 합니다. 부처님께서 열반하신지 오래되어 이제 상수 제자는 없지만, 오늘날 승속을 통해 선지식으로 존경받는 분들이 이 시대의 상수 제자라 할 수 있겠습니다. 불교에서는 부처님 법을 배우고 수행한 세월이 오래 지난 사람을 일컬어 장로長老라고 합니다. 장로는 20년 이상 수행 생활을 하고, 나이는 60세 정도로 연륜과 수행 경력이 받쳐주는 수행과 지혜가 밝은 이를 말합니다. 절에서 오래 수행했다는 것은 그만큼 많이 보고, 많이 듣고, 많이 경험했다는 겁니다. 그 수행력을 통해서 좋은 법이 전해지고 수행의 모범도 됩니다. 우리가 장로와 같이 경험 있고 지혜가 밝은 분들께 의지해서 공부를 해야 하는 이유입니다.

    부처님께서는 불교가 '증험되는 성질의 것'이라고 하셨습니다. 부처님의 가르침은 모두 증명 가능하고 체험 가능한 것이라는 말씀입니다. 증명 가능한 것을 일러서 법칙이라고 합니다. 법칙은 과학의 법칙, 수학의 법칙이 있습니다. 이 법칙들은 계산을 통해서 또는 실험을 통해서 증명이 됩니다. 법칙이 바로 증명 가능한 겁니다.

    다음으로 부처님께서 가르쳐주신 모든 가르침은 체험이 가능합니다. 부처님께서 다섯 비구를 대상으로 법을 설하시자 모두 깨달음을 얻었습니다. 그리고 야사를 비롯한 60여 명의 비구가 가르침을 받아 아라한이 되고, 나중에 사리불 목련존자를 포함한 1,250명의 제자들이 모두 깨달음을 얻어 아라한이 되었습니다. 부처님의 가르침을 듣고 체험과 경험을 통해서 부처님과 같은 아라한의 깨달음을 얻은 것입니다. 이렇게 불교는 이치적으로는 과학과 수학의 법칙처럼 검증이 가능한 것이고, 현실에서는 누구나 경험, 체험이 가능한 것입니다.

그러나 완전한 깨달음에 이르지 못하면 경험이나 체험을 했더라도 다시 원래 자리로 돌아오게 됩니다. 그게 중생입니다. 어느 단계에 올라갔다가도 다시 제자리로 떨어집니다. 왜일까요? 세속적 탐·진·치貪瞋癡 삼독이 완전히 소멸하지 않았기 때문입니다. 절에 가서 정말 열심히 기도하고 도道를 잘 닦고 갔는데, 세상에 돌아와서 가족이나 직장 등 얽혀있던 문제들을 접하면 다시 분노가 치밀어 오르고 짜증이 일어나며 번뇌가 되살아납니다. 한순간에 절에서 기도하고 수행한 공력이 산산이 부서지고 흩어져 버립니다. 중생들은 때로 법의 이치를 알고 깨달음의 순간에 이를 수 있지만, 이렇게 쉽게 다시 제자리로 돌아가곤 합니다. 부처님 당시에도 어떤 스님들은 높은 수준의 깨달음의 경험을 하지만 금방 놓쳐 버리곤 했습니다. 이유는 분명합니다. 그 경지가 완전하지 않고, 지킬 수 있는 힘이 부족하기 때문입니다.

수행과 깨달음의 힘이 흩어지지 않고 물러나지 않는 것을 '불퇴전'이라고 합니다. 짧은 시간이라도 참선해서 법열을 맛보고 일정한 선정에 들어갈 수 있지만, 자리에서 일어나는 순간 그 법열과 선정이 흩어지곤 합니다. 그럼에도 예로부터 큰스님들께서는 수계식에서 "보살계는 앉아서 받고 일어서면서 깨진다고 해도 그 의미와 공덕이 크다."고 했습니다. 누구라도 법문을 들으면서 잠깐이라도 부처님의 가르침을 알게 되면 다시는 물러나지 않는, 그런 불퇴전의 길을 찾게 된다는 의미입니다.

　세상의 모든 법은 그 사회와 한 국가 또는 전 세계를 규율하는 힘이 있습니다. 그래서 법이라고 합니다. 부처님의 법은 온 우주를 포괄합니다. 과거·현재·미래의 시간과 동서남북, 상하 시방十方에 작용합니다. 지구뿐만 아니라 온 우주 각각에 존재하는 모든 인간과 신의 세계에 다 통용되는 가르침이기 때문에 법이고 진리眞理라고 합니다. 그러므로 부처님법이 갖고 있는 법칙성, 체험성, 경험 가능한 것에 대한 확신과 단단한 믿음을 가져야 합니다. 잠시 접하는 법문이나 수행을 통해서라도 얼마든지 부처님 가르침에 대한 확신을 가질 수 있습니다.

　해인사승가대학 초급반 때 들었던 말씀 중에 소백정에 관한 영험담이 있습니다. 이 사람은 백정이 직업이니 일생동안 얼마나 많은 소를 죽였겠습니까? 백정이 명命이 다되어서 정신이 흐려지고 막 숨이 넘어가려고 하는 순간에 평생 죽였던 소귀신들이 나타나서 지옥으로 끌고가 그 원한을 갚으려고 하는 겁니다. 너무 놀라고 두려워 정신이 번쩍 들었습니다. 순간 아미타불 염불을 해야겠다는 생각이 떠올랐습니다. 하지만 숨이 얼마 남지 않았습니다. 촛대와 향로도 없이 아들이 초를 들고 며느리가 향을 들고 그렇게 긴박한 상태에서 나무아미타불 염불을 채 열 번도 못하고 숨어 끊어졌습니다. 하지만 그 순간에 소귀신들이 사라지고 광명과 좋은 향기와 함께 아미타 부처님께서 오셨다는 겁니다. 한순간의 간절함과 지극함이 십념왕생十念往生의 공덕을 이룬 겁니다. 지극한 마음으로 열 번 아미타불 염불을 하면 아미타 부처님이 극락세계로 데려가겠다는 서원입니다.

아미타내영도阿彌陀來迎圖라는 불화가 있습니다. 아미타 부처님께서 임종하는 불자를 관세음보살과 함께 마중해서 데려가는 모습을 묘사한 그림입니다. 염불하는 이의 간절함과 지극함이 아미타부처님을 오시게 하는 겁니다. 이런 얘기 들으면 '아, 그럼 평소 막 살아도 죽을 때 염불하면 되지 않을까'라고 생각할 수 있습니다. 그렇게 쉽다면 영험담으로 전할 일도 없었겠지요.

평소에 신심을 가지고 염불하고, 기도하고 또 참선을 하고, 명상을 해서 그런 길을 닦아 놓아야 합니다. 백정이라도 아미타 부처를 부르면 된다는 걸 알고 있었고, 그러한 믿음이 마음에 사무쳤기 때문에 임종의 순간에 아미타불 염불을 할 생각을 일으킨 겁니다. 깊이 사무치는 마음, 흔들리지 않는 굳건한 믿음이 뿌리내리고 있지 않으면 임종의 순간에 그런 간절함과 지극함이 안 나옵니다.

무엇보다 내가 참선 수행을 통해서 부처님의 깨달음을 잠깐이라도 제대로 깊게 체험할 수 있다는 확신을 가져야 합니다. 명상이나 수행의 종류가 워낙 많지만, 가장 근본적인 것은 부처님의 수행법입니다. 남방불교에서는 위빠사나라고 하고, 대승불교인 한국이나 중국이나 일본에서는 참선參禪 또는 선禪이라고 합니다만 그 근본은 불교 수행법으로 같은 겁니다.

제가 2002년 무렵 템플스테이가 시작될 때 기본 프로그램으로 스님이 지도하는 참선을 넣었습니다. 어떤 참선을 할 것인가 고민해 보니, 가장 간편하고 쉬운 참선이 수식관입니다. 『대념처경』, 『사념처경』, 『안반수의경』 등 부처님의 수행법이 담겨 있는 경전에도 있는 수행법으로, 바로 호흡을 관찰하는 겁니다. 코끝으로 들어가고 나오는 호흡을 관찰하는 것이 기본이지만, 변형되어 배가 들어오고 나가는 움직임을 관찰하는 방법도 있습니다. 각자 취향에 따라서 코를 통한 호흡을 관찰하거나, 배를 관찰하는 호흡을 하면 됩니다. 어떤 사람은 그냥 숨을 들이쉬고 내쉬며 몸과 마음을 총체적으로 관찰하기도 합니다.

템플스테이 프로그램이 원래 성인들에게는 화두를 잡는 참선을 가르치고 청소년들에게는 수식관법을 가르쳤는데, 소감을 나누는 자리에서 어른들도 수식관을 하면 안 되냐는 질문이 많았습니다. 간화선은 도무지 방향도 못 잡겠고 집중이 어려운데, 청소년들에게 가르쳐 준 수식관을 해 보니까 편하고 좋다고 하였습니다. 실제로 우리 간화선 전통에서도 수식관법을 그 기초 과정으로 가르치기도 합니다. 수식관과 간화선이 서로 상충되거나 다른 게 아닙니다.

참선하는 방법에 있어서도 화두를 잡거나 호흡을 관찰하는 방법에서도 여러 가지가 있는데, 경허스님의 법문과 가르침에 화두 잡는 법에 대해서 몇 가지 설명이 있습니다. 먼저 '닭이 알 품듯이'가 있습니다. 닭이 알을 품을 때 온도를 적절하게 유지하는 것처럼 하는 수행 방법입니다. 적절한 온도가 유지되지 않으면 알에서 병아리가 자라지 않거나 자라던 병아리가 죽거나 계란이 상해버리게 됩니다.

다음으로 '고양이가 쥐구멍 지키듯이'입니다. 고양이가 쥐구멍을 지키고 있는데 쥐가 언제 나올지 모르니 집중하여 기다리다가 쥐가 나오는 순간 낚아챕니다. 고양이 같이 쥐구멍을 바라보면서 집중하는 것도 수행하는 방법 중에 하나입니다.

또 제가 제일 좋아하고 즐겨하는 방법 중에 하나인데 '중병 든 사람처럼'이 있습니다. 이 방법은 현대인들에게도 딱 맞을 것 같습니다. 코로나가 유행할 때 반드시 마스크를 쓰고, 기침 한번 하더라도 그렇고 어딜 가거나, 앉거나, 서거나, 만지거나 하는 모든 행동을 다 조심했던 것과 같습니다. 어떤 사고로 다치거나 뼈가 부러지거나 아니면 어떤 병으로든 아파 본 경험 한 번쯤은 있을 겁니다. 누구라도 육신의 병으로부터 자유로운 사람은 없습니다. 다치거나 병이 들면 몸가짐을 무척 조심조심 하게 됩니다. 환자니까요. 특히 위중한 병이 든 사람은 몸가짐 하나하나가 조심스럽습니다. 몸을 잘못 움직이면 고통스럽고 불편하고 하니까요. 그래서 말이나 행동을 큰 병 든 사람처럼 조심하게 되면 그게 잘 다듬어진 수행자의 모습일 수 있습니다.

또 하나 굉장히 강력한 수행 방법이 있으니, 바로 염궁문念弓門입니다. 어느 날 사냥꾼이 사냥을 갔다가 해가 저물어서 터덜터덜 내려가는데 앞에 호랑이가 나타났습니다. 화살은 단 하나 남았고 저 호랑이를 못 죽이면 내가 죽는 최악의 위기였습니다. 사냥꾼은 온 힘을 다해 단 한 대의 화살을 호랑이 이마에 쏘았습니다. 그리고 뒤도 안 돌아보고 도망쳤습니다. 그런데 다음날 가서 보니 호랑이처럼 생긴 바위에 화살이 박혀 있는 겁니다. 너무 이상하고 신기해서 다시 화살을 쏘아봤지만 절대 박히지 않았답니다. 그야말로 목숨이 걸린 절체절명의 순간에 화살을 바위에 꽂아버린 겁니다. 참선할 때 때로는 그런 강력한 집중력이 필요합니다. 이것이 바로 염궁문의 수행법입니다.

고양이가 쥐구멍을 지키는 듯한 기다림, 알이 식지 않도록 하여 병아리를 깨우는 꾸준함, 그리고 큰 병 든 사람 같은 조심스런 행동. 이런 방법들이 경허 선사께서 전하는 수행법입니다.

저는 이를 응용해서 사람들에게 꽃이나 난 화분을 선물할 때 키우기에 까다로운 종류를 선택하라고 합니다. 왜냐하면 키우기 쉬운 식물을 선물로 주면 대부분 금방 다 죽습니다. 일주일에 한 번만 물을 줘도 되거나, 한 달에 한 번만 물을 줘도 되는 것들은 대부분 사람들이 물 주는 것을 잊어버립니다. 반면에 매일 물을 주고 수시로 살펴보지 않으면 금방 죽는 까다로운 화분은 잘 살아남습니다. 늘 관심을 가지고 관찰하고 보살펴야 하니까요. 그렇게 매일 살피다 보면 한 달이 지나고, 1년이 지나도 살아 있게 됩니다.

제가 말하는 '저스트 두 잇 Just do it, 다만 할 뿐'은 이런 겁니다. 보조스님은 『수심결』에서 '약욕구회 변회부득 若欲求會 便會不得, 만약에 깨닫고자 하나면 문득 알 수 없고, 단지불회 시즉견성 但知不會 是即見性, 다만 알지 못한다는 걸 알게 되면 곧 이것이 견성'이라고 하였습니다.

보조스님의 가르침이 경허스님께 이어지고, 경허스님으로부터 만공스님, 고봉스님을 통하여 숭산스님께 전해져서 숭산스님의 '온리 돈 노 Only don't know'가 되었습니다. 우리말로 '오직 모를 뿐'입니다. 모르는 사람이 어떻게 해야 하는가, '저스트 두잇 Just do it', 다만 할 뿐입니다. 어떤 일이나 상황을 대하여 중생심으로 생각하고 따지고 계산하기 보다는 그 시간 그 장소에서 해야 할 일을 그냥 하는 것이 '다만 할 뿐'입니다.

우리가 분별심으로 고통스러운 때도 적용이 됩니다. 다만 내게 주어진 것을 할 뿐입니다. 버스기사는 버스기사로서 주어진 일을 하면 되고, 교사는 교사로서 주어진 일을 하면 됩니다. 제대로 하는 것이 중요합니다. 제대로 안 해도 얼마간은 별문제가 없을 수도 있습니다. 그러나 때로 운수가 나쁘거나 시간이 쌓이게 되면 큰일이 됩니다. 세상 일들이 그렇습니다. 대충 대충한다고 해서 바로 큰 문제가 생기지는 않습니다. 그러나 한 번 일이 터지면 수습할 수 없이 커지게 됩니다. 교사는 교사대로, 버스기사는 기사대로 불자들은 불자대로 각자 자기가 맡은 일에서 문제가 생기면 적절하게 해결해 나가면 됩니다. 그때그때 해야 할 일은 잊지 않고 반드시 해야 합니다. 문제가 생기거나 커지지 않도록 해야 합니다. 모든 일은 때를 잘 맞춰야 합니다.

경전을 보면 "부처님, 때가 되었습니다."라는 말이 종종 나옵니다. 때에 맞추어 탁발을 하고, 공양을 하고, 자리를 정리하고, 법문을 하십니다. 때를 잘 아는 게 중요합니다. 다만 지금 현재 할 일을 해야 합니다. 현재가 가장 중요합니다. 지나간 일에 대해서는 미련을 두지 말고, 미래에 대해서도 마찬가지입니다. 이러한 것이 '저스트 두 잇'입니다. 과거에 있었던 일을 경험으로 삼고, 현재를 살펴 미래를 대비해야 합니다. 사람의 일상에 있어서 과거 20%, 미래 20%, 현재 60% 이게 저는 가장 좋은 비율이라고 봅니다. 과거에 너무 무게가 실리거나 미래에 치우치면 현재의 의미와 가치가 가벼워집니다. 그래서 과거 20%, 미래 20%, 현재 60% 정도 비율로 삶의 무게를 나누는 게 좋다고 생각합니다.

과거를 잊지 못하고 현재를 슬프게 사는 사람들도 있고, 남과의 비교로 나를 제대로 보지 못하는 분들도 많습니다. 때로는 미래의 불안함에 저당 잡혀 매몰되기도 합니다. 이런 분들을 위해 여러 가지 비유를 들어 법문하곤 하는데, 자주 인용하는 것이 '상처와 흉터의 비유'입니다. 몸에 흉터가 없는 사람은 거의 없습니다. 저도 몸 여기저기에 흉터가 있습니다. 흉터는 상처가 나은 흔적입니다. 상처는 가렵고 쓰리기도 하고, 아프기도 하지만 상처가 나은 흔적인 흉터는 더 이상 가렵지도 아프지도 쓰리지도 않습니다.

자주 언급되는 현대의 병 중에 '트라우마'가 있습니다. '마음의 상처'를 의미합니다. 트라우마는 과거 신체적 정신적으로 고통 받았던 그때의 아픔을 현재도 그대로 느끼는 것입니다. 과거의 흔적에 지금까지도 슬픔, 아픔, 두려움 등의 감정을 담아서 치유가 되지 않는 겁니다. 과거의 기억은 다만 흉터처럼 치유된 흔적입니다. 흉터 자체로는 더 이상 아프지 않습니다. 흉터를 내가 계속 후벼 파고 스스로 상처를 건드려서 계속 아픈 겁니다. 그냥 놔두면 됩니다. '저스트 두 잇' 그냥 두고 지켜보세요. 스스로 상처를 덧나게 하여 끝없이 고통 받지 마세요. 미래에 대한 걱정과 두려움도 마찬가지입니다. 미래는 꿈과 같고 허깨비 같은 것입니다. 아직 오지 않은 날들 때문에 걱정하고 두려워하는 것은 부질없습니다. 오늘을 충실하게 사는 게 중요합니다. 오늘이 미래의 바탕이고 씨앗입니다.

그냥 지켜보는 좋은 방법 중에 하나가 수식관을 하는 것입니다. 수식관은 호흡을 하면서 숫자를 세는 겁니다. 내쉬면서 하나, 들이쉬면서 다시 하나, 내쉬면서 둘, 들이쉬며 둘. 내쉬며 셋, 들이쉬며 셋, 이런 방법으로 하나부터 열까지 세고, 열에서 내쉬면서 아홉, 들이쉬면서 아홉, 내쉬면서 여덟, 들이쉬면서 여덟, 이렇게 해서 하나로 돌아옵니다. 하나부터 열까지, 열에서 하나까지, 이걸 수식관 1회전이라고 합니다. 대략 1회전이 5분 정도 걸립니다. 그리고 꾸준히 하다보면 1회전이 10분, 15분까지 늘어나기도 합니다. 이 호흡은 길게 한다고 좋은 것은 아닙니다. 몸과 마음을 편하게 하여 길면 길어지는 대로, 짧으면 짧아지는 대로 자연스럽게 호흡에 집중합니다.

욕심 때문에 호흡을 점점 길게 하고 싶어질 때도 있습니다. 꾹꾹 눌러 담듯이 숨을 들이쉬고, 쥐어짜듯이 길게 내쉬기도 합니다. 처음에 몇 번 정도 그렇게 해서 폐를 넓히고 호흡을 고를 수도 있지만, 일부러 계속 그럴 필요는 없습니다. 그냥 호흡이 깊어지면 깊어지는 대로 들이쉬고, 길어지면 길어지는 대로 내쉬면 됩니다. 그렇게 그냥 이어지는 호흡을 인식하며 숫자를 붙이는 겁니다. 인위적인 호흡을 할 필요가 없습니다.

연못에서 돌을 툭 던지면 파문이 차례로 일어나는 것처럼, 수를 세는 행위 자체로 내 머릿속과 몸속에 파문처럼 퍼지게 하는 겁니다. 종을 치면 종소리가 '땡'하고 올리잖아요. 이 울림처럼 수를 세는 행위가 내 몸을 전체적으로 울리는 것처럼 인식하는 겁니다. 숫자를 세는 중에 기억이 흐려지면 호흡 중간에 다시 숫자를 세어도 됩니다. 다만 호흡에 집중을 하는 겁니다. 가끔 숫자를 잊고 다른 생각에 빠지거나 멍하게 될 때도 있겠죠. 그럴 때는 그냥 가차 없이 떨치고 다시 하나부터 시작하면 됩니다.

참선을 하다 보면 가장 문제가 되는 것이 망상일 겁니다. 저는 귀신에게 잡혀간다고도 표현합니다. 참선 중에 문득 생각이 일어나는 것이죠. '앗, 집에 가스를 안 잠그고 온 것 같은데, 이거 큰일 났네.'하고 앉아 있으면 그냥 생각이 일어납니다. 빌려준 돈을 받지 못했다는 생각도 나고, 첫사랑도 떠오르고, 억울하고 분했던 일이 떠오르기도 합니다. 그리고 그 생각을 붙들고 끙끙거리며 씨름하지요. 그게 바로 망상 귀신에게 잡혀가는 겁니다.

참선 중에는 수없이 많은 생각들이 머리에서 또는 가슴에서 생겨나고, 머물고, 흘러갑니다. 내가 지켜야 할 가장 핵심적인 생각은 바로 호흡에 집중하여 숫자를 세는 겁니다. 숫자에 집중하다 보면 눈이나 귀, 코, 피부, 마음을 통해 떠오르고 흘러가는 생각들을 알아차리게 됩니다. 점차 수행의 힘이 생기면 일상생활 중에도 내가 집중해야 할 일들을 놓치지 않는 힘이 생기게 됩니다. 아주 간단하고 단순한 수행입니다. 하지만 이 수식관을 제대로 하게 되면 깨달음과 성불의 길이 열릴 수 있습니다. 앉은 자리에서 그야말로 선정 삼매와 업장소멸의 체험을 할 수도 있습니다. 잠시 수식관 수행을 해볼까요?

먼저 조용한 곳에 가만히 앉아 보세요. 등뼈를 곧게 허리를 바로 세운 후 엄지손가락이 마주 닿도록 왼손을 위로, 오른손을 아래로 포갠 상태로, 허벅지나 발이나 닿는 곳에다가 그냥 편안하게 손을 툭 내려놓으세요. 어떤 분은 배꼽 있는 부위에 맞추어 손을 들고 있는데 이런 자세는 긴장되고 힘이 들어서 좋지 않습니다.

턱은 조금 당기듯이 목을 곧게 하고, 어금니는 다물고 혀는 입천장에 붙입니다. 입 안에 침이 고이면 그냥 편안하게 삼켜 주세요. 눈은 감았다가 반쯤 뜨면서 코끝에서 연결되는 바닥에다 시선을 툭 던져 주세요. 한 곳을 집중하고 바라보지 말고 시선을 편안하게 합니다. 눈을 완전히 감으면 졸음과 혼침이 와서 멍해지고 잡념 망상이 많이 일어납니다. 눈을 뜨면 옆 사람이나 앞 사람, 주변의 잡스러운 상황이 눈에 들어와 생각이 산란하고 번잡해집니다. 눈을 반쯤만 뜨는 것은 바깥에서 들어오는 번잡함을 줄이고, 안에서 생겨나는 졸음이나 아득하고 멍함, 망상을 끊기 위해서 가장 좋은 방법입니다. 물론 눈을 감아도 집중이 잘 되고 정신이 뚜렷한 사람은 그렇게 해도 되지만 눈을 반쯤 뜨는 게 가장 효과적인 방법입니다. 몸이 가렵거나 불편해도 가능한 참고, 도저히 못 견디겠으면 몸을 움직여도 됩니다. 생각은 잡념망상을 버리고 호흡을 세는데 집중하시기 바랍니다. (수식관 1회전 진행)

  어떠셨나요? 이젠 몸을 더 부드럽고 편안하도록 앉아 보세요. 앉아 있는 것도 그냥 앉는 것이 아닙니다. 두 가지 종류의 선정이 있습니다. 첫 번째 선정은 보이지도 들리지도 않고 외부의 일체 어떤 소리나 보이는 것들로부터 더 차단되고 집중되는 선정으로 삼매라고 합니다. 『열반경』의 표현으로 마차가 수백 대가 지나가고 군사들이 수천 명이 지나가도 그 시끄러운 소리를 못 듣고, 하늘에서 천둥 벼락이 치고 비가 쏟아져도 그 소리가 들리지도 느껴지지 않습니다.

  두 번째는 자신의 내면과 바깥을 관조하는 겁니다. 치우침과 집착 없이 그대로를 비추고 바라보는 것입니다. 부처님의 안목을 여실지견如實知見이라고 합니다. 있는 그대로 본다는 말입니다. 중생들은 내 마음대로 자기 생각대로 봅니다. 이러한 아상我相과 아만我慢

을 버리는 것이 수행의 근본입니다.

　불자들과 참선 수행하는 사람들이 피해야 될 세 가지 나쁜 견해가 있습니다. 첫 번째는 선입견입니다. 어떤 대상에 대하여 이미 마음속에 가지고 있는 생각입니다. 그 다음이 편견입니다. 공정하지 않고 한쪽으로 치우친 생각입니다. 세 번째는 고정관념입니다. 단단하게 굳어서 변하지 않는 생각입니다. 제일 골치 아픈 사람입니다.

　역설적으로 스님들이 가르치고 포교하기 좋은 사람은 바로 불교를 전혀 모르는 사람입니다. 세상과 불교를 잘못 배운 사람들은 자기 선입견이나 편견, 고정관념이 강해서 교화가 잘되지 않습니다. 설사 부처님이 나타나서 말씀하더라도 듣지 않는 부류입니다. 그릇이 가득 차 있으면 다른 걸 담을 수 없습니다. 그릇을 먼저 비워야 합니다. 세상과 불교를 잘못 배우면 잘못된 것들이 가득 들어 있는 그릇처럼 새로운 걸 담을 수가 없습니다. 새 집을 짓는 것보다 헌 집을 고치는 것이 어렵다고 하죠. 사람도 마찬가지입니다. 살면서 만들어진 선입견과 편견과 고정관념의 잘못된 생각들이 단단하게 굳어 있으면 아무리 뛰어난 스승이나 지도자도 바로잡기 어렵습니다.

　정말 제대로 배우려고 한다면 기존의 것을 버려야 됩니다. '낡은 믿음을 버려라.'라고 부처님께서 말씀하셨습니다. 낡은 믿음, 선입견, 편견, 고정관념을 버리지 않고는 새로운 것을 얻지 못합니다. 그래서 여러분들이 불교를 만난 건 최상의 가르침, 최상의 길을 만난 것입니다. 참회로 업장소멸과 여러분의 그릇을 깨끗하게 비우세요.

매일매일 수식관 명상을 꾸준히 해보길 바랍니다. 특히 수식관을 시작하기 전에 108배를 먼저 하고 해보세요. 108배를 하면 호흡이 깊어지고 혈액이 잘 돌고 신체가 부드러워집니다. 그래서 몸과 마음이 참선하기에 좋은 상태가 됩니다. 108배를 하고 나서 잠시 호흡을 고르고 좌선을 하면 집중이 잘 됩니다. 제가 청소년 수련관에 있을 때 회원들과 해본 경험으로는 108배하고 수식관 3회전 정도면 아주 좋습니다. 시간도 30분에서 45분 정도로 적당합니다. 이것을 저는 '30분 수행법'이라고 합니다.

매일 편안한 시간과 장소에서 하는 108배와 수식관이 여러분의 하루 일상 수행으로는 무척 좋을 것입니다. 수행하고 기도하는 여러분께 행복한 삶과 깨달음의 인연이 있기를 바랍니다.

# 바른 믿음,
# 바른 앎,
# 바른 실천

### 무각스님

한국선불교연구회 회장이자 공생선원 선원장이다. 혜거스님을 은사로 득도하고 동국대 불교학과를 졸업한 후 미국에서 해외포교 활동을 했다. 서울 조계사 참선반을 시작으로 불교인재개발원, 불광사 불광선원·불광수행원, 국세청 보리회 등에서 간화선 수행을 지도하며 선수행 지도자로 저변을 넓혔다. 조계종 포교원 포교부장, 청년대학생전법단 대표, 미래세대위원회 부회장을 맡고 있다.
저서로 『그대 삶이 경전이다』 『선은 이론이 아니라 체험이다』 『금강경삼가해 강설을 논강하다』 등이 있다.

 *  2023 서울국제명상엑스포 '선지식·지성인과의 만남'의
**무각스님** 영상을 ▶ YouTube로 볼 수 있습니다.

　선禪을 난해하고 어려운 것이라고 생각하는 분들이 많습니다. 그러나 제가 보기에 선은 이론이 아니라 체험입니다. 오직 스스로의 체험으로만 실다운 경지에 이를 수 있기 때문입니다. 그렇기에 '바른 믿음과 바른 앎, 바른 실천으로 얻는 체험'이라는 주제로 선에 대해 말씀드리고자 합니다. 나아가 완전한 행복과 자유를 얻을 수 있는 열반과 해탈, 그리고 '참나'란 무엇이며 이 '참나'는 어떻게 알아가는 것인지에 대해서도 나눠보겠습니다.

　경전에서는 "부처님의 마음은 선禪이요, 부처님의 말씀은 교教"라고 했습니다. 교는 말의 길이 있고 생각의 자취가 있지만, 선은 말의 길이 끊기고 생각의 자취가 멸한 상태를 말합니다. 부처님의 마음을 좇아서 부처님의 말씀이 존재하듯이, 뿌리 없는 나무도 없고 나무 없는 뿌리도 없습니다. 즉 이 두 가지는 불이不二로 모두 중요하다는 뜻입니다.

　불교에 입문하여 참선공부를 하는 초심자들은 불교란 무엇인지, 나는 누구인지, 선이란 무엇이고 참선은 왜 해야 하는지에 대해 바르게 알아야 합니다. 바른 안목에 의하여 바른 믿음이 세워지고 바른 믿음에 의하여 바른 깨달음체험을 얻을 수 있기 때문입니다.

　깨달음이라는 체험을 얻기 위해서는 반드시 바른 안목을 세워 완전한 믿음에 들어가야 합니다. 완전한 믿음이 서면 발심이 되고, 발심이 되면 반드시 견성체험을 하게 되어 있습니다. 이렇게 체험을 해야 진리의 세계에 들어 본래 부처임을 확인하고 부처로서 작용하는 무위행無爲行으로 '닦음 없는 닦음'과 '얻을 바 없는 얻음'을 얻어, 시작과 끝이 원만하고 원인과 결과가 하나로 귀결될 수 있습니다. 이렇게 '바른 믿음'과 '바른 앎'과 '바른 실천'이 치우치지 않는 속에서 세 가지가 균형 있게 갖추어져야만 선수행이 원만해질 수 있습니다.

우리 모두가 완전한 사랑과 완전한 행복, 완전한 자유를 바랍니다. 불교에서는 이것을 열반과 해탈이라고 합니다. 해탈은 완전한 자유의 상태이며 열반은 완전한 행복, 완전한 그 자체의 상태입니다. 이것은 불자뿐만이 아니라 일체중생이 누구나 추구하는 보편적인 가치라고 할 수 있습니다. 그렇게 보면 일체 모든 존재가 바라는 가치가 바로 열반과 해탈인 것입니다.

불교는 세상의 모든 존재가 바라는 가치와는 동떨어진, 저 멀리 높은 곳에 있는 진리를 추구하는 종교가 아닙니다. 불교의 진리는 모든 존재가 추구하는 모든 가치 속에 이미 들어 있습니다. 그렇기에 우리가 추구하는 가치를 완전하게 충족하려면 먼저 불교의 가르침부터 제대로 알아야 합니다. 이것을 모르고 불교를 고상하게, 고준하게만 접한다면 부처님은 저 위에 거룩하게 있는데 나만 저 아래에 있는 것이나 다름없습니다.

불교는 어려운 것이 아닙니다. 우리 삶 그 자체입니다. 불교에서 말하는 진리는 바로 지금 우리의 삶 속에 있습니다. 일상을 떠난 진리는 없습니다. 불교의 위대한 가르침은 삶을 떠나서 진리가 따로 존재할 수 없다는 데 있습니다. 그러므로 우리의 삶이 그대로 진리의 현현임을 깨달아야 하며, 수행도 우리의 일상생활 속에서 해 나가야만 합니다.

대개 사람들은 자신의 문제가 괴롭고 힘들어서 절에 찾아오는 경우가 많습니다. 그렇게 처음 인연을 맺고 불법을 조금씩 공부하면서 정신이 성숙해지고 마음의 폭이 넓어지게 됩니다. 나라는 실체는 고정되어 있지 않으며, 모든 세상만사의 모습에서 나 아님이 없음을 알게 되는 변화가 저절로 생깁니다. 마음이 점점 깊어지고 밝아지면 대상에 얽매이지 않게 되고, 알아차리고 지켜보는 수행으로 나라는 것이 실체가 없고 공空이라는 사실을 깨닫게 됩니다. 그렇게 되면 다른 사람이 잘되는 것을 더 기뻐하고, 다른 이의 슬픔과 고통이 나의 슬픔과 고통으로 다가오는 불보살의 마음이 됩니다.

이렇게 불교의 궁극적인 목적은 불보살의 원력이 자신의 원력이 되어 생활 속에서 불보살의 인품을 자유자재로 실천해 내는 것입니다. 이 상태가 되면 내가 없는 삶, 있는 그대로의 삶, 하되 함이 없는 삶을 살 수 있게 됩니다. 그때부터는 나에게도 모두에게도 이익이 되는 삶을 살게 됩니다. 그러나 원하는 대로 내 마음과 내 몸은 잘 따라 주지 않습니다. 그래서 불교는 "나는 누구인가, 어디에서 와서 어디로 가는가?"하는 문제를 터득하도록 가르칩니다. 이렇게 불교의 모든 가르침은 모든 사람이 영원한 광명과 무한한 생명을 가진 부처란 사실, 곧 '참나' 찾기를 가르칩니다.

우리는 본래 불성을 지닌 존재들입니다. 석가모니부처님은 이러한 영원한 생명의 근본佛性을 깨달은 분입니다. 우리도 부처라는 진리를 깨닫게 되면 "일체중생이 모두 부처님의 지혜와 덕성을 갖추고 있음一切衆生 悉有佛性"을 발견하게 됩니다. '불성佛性'에서 성性 자는 '종자'라는 의미로 보면 됩니다. 비록 아직 드러나지 않았지만 우리 안에는 부처의 완전한 성품을 다 가지고 있다는 겁니다. 마치 내가 수박이라면 내면에 늘 수박이 될 씨앗이 있듯이 우리의 불성은 누구에게나 이미 구족되어 있는 것입니다. 그리고 그 본래 성불인 '참나'를 체험하기 위해서는 부처님의 말씀이 담긴 경經과 어록語錄을 믿고 이해하고 수행하여 체득해야 되는 것입니다.

부처님은 중생을 제도하려고 오신 것이 아닙니다. 모든 중생이 이미 완전무결한 부처라는 사실을 가르쳐 주려고 오신겁니다. 부처님은 이 사실을 알려주시기 위해 태어나자마자 붉은 맨몸으로 일곱 걸음을 걷고 나서 한 손은 땅을, 한 손은 하늘을 가리키면서 "천상천하 유아독존天上天下 唯我獨尊"이라고 외쳤습니다. '천상천하 유아독존', '하늘 위나 하늘 아래 나 홀로 존귀하다', '나 홀로 존귀하다'는 것은 바로 진리를 말합니다. 내가 본래 진리의 모습이며, 본래 부처이며, 모든 존재가 본래 완전무결한 진리 그 자체라는 사실을 모든 존재에게 선언한 날이기에 '부처님 오신 날'이 중요한 의미를 갖는 것입니다.

이 선언은 모든 존재에게 주는 가장 큰 찬탄이며, 가장 큰 은혜요, 가장 큰 선물입니다. 내가 본래 부처라는 사실을 가르쳐 주신 은혜, 이보다 더 큰 은혜는 없습니다. 만약 부처님의 이 가르침이 없었더라면 우리는 아직도 내가 누구인지도 모르고 살고 있을 것입니다.

'천상천하 유아독존', 이 한 말씀으로 우리는 영원한 삶, 무한한 생명을 얻은 것입니다. 2,600년 전에 석가모니 부처님께서 인도에서 태어나신 일이 나 자신의 삶과 어떻게 관계되는지 알게 된다면, 모든 존재의 본질은 위대하다는 것, 절대적인 존재라는 것, 우리의 삶 그대로가 위대한 진리의 가르침이라는 것을 깨달을 수 있을 것입니다. 이런 바른 안목으로 부처님의 은혜를 가슴으로 절절히 느낄 수 있다면 수행은 저절로 이루어질 것입니다.

내가 중생이라는 생각으로 생활하는 것과 내가 부처라는 확신을 가지고 생활하는 것은 크게 다릅니다. 내가 본래 부처임을 알고 믿고 살아간다면 언젠가 부처 노릇을 합니다. 그러나 자신을 중생으로 여기고 살면 중생 노릇에서 벗어날 수 없습니다. 마치 큰 나라의 태자가 자기가 누구인지 몰라서 대신들 앞에서 절절매면 대신들이 우습게 여기게 되는 것과 같습니다. 아무리 어려도 자기가 태자임을 자각한다면 백전노장의 무시무시한 장군에게도 정확하게 명령을 내릴 수 있고 대신들은 명령에 따를 수밖에 없을 것입니다. 이처럼 내가 누구인지를 자각하는 게 중요합니다. 이것이 공부의 첫걸음입니다.

경계가 닥치면 겁내지 말고 내가 누구인지 기억하십시오. 아무리 힘든 경계가 와도 "너만이 그 문제를 해결할 수 있잖아."라며 분명하게 자신에게 명령을 내려 보세요. 그것만으로 얼마나 달라지는지 직접 체험해 보십시오. 부처님이 뒤에서 언제나 돌봐 주고 계십니다. 새끼 사자는 어미가 늘 주변에 딱 버티고 있어서 다른 동물들이 함부로 건드리지 못하는 것처럼, 내 안에 부처가 있음을 참으로 믿는다면 어떤 경계도 나를 건드릴 수 없습니다.

본래 부처는 나보다 나를 더 소상히 잘 알고 있습니다. 헤아릴 수 없는 수많은 겁劫으로부터 시작한 육도구류六道九類의 중생 업식이 지금 내 몸과 마음속에 고스란히 남아 있습니다. 다른 말로 하자면, 나는 헤아릴 수 없는 모든 지혜를 갖추고 있다는 말입니다. 그 자리는 본래 시작도 없고 끝도 없는 영원한 자리입니다. 과거·현재·미래가 영원성 속에 들어 있는 찰나가 겁이요, 겁이 찰나인 것입니다.

부처님께서 견성성불하신 진리는 연기법입니다. 경전에도 "연기를 보는 자는 법을 보고, 법을 보는 자는 여래를 보는 것이다."라고 했습니다. 그러므로 연기법을 완벽하게 깨달아야 합니다. 그 깨달음의 힘으로 우리의 삶 속에서 보살의 삶을 실현해 내는 것이야말로 수행의 궁극적인 목적이기 때문입니다.

우리는 본래면목을 알아야 합니다. 나는 누구일까요? 우리가 생각하는 나라는 것은 오온五蘊의 나, 업식業識의 나, 현재 의식으로 분별하는 나라는 중생심을 말합니다.

진짜 나라는 것은 과연 어떤 모습일까요? 아무 생각 없이 고요하게 앉아 내면을 응시하면서 자기 자신을 들여다보세요. '나'라는 것이 과연 모습이 있습니까? 아무리 찾아봐도 내 마음은 흔적 없이 고요하게 텅 비어 있습니다. 고요히 텅 빈 가운데 밝고 밝아 만상을 두루 비춥니다. 이것이 우리의 본래면목本來面目입니다.

본래면목인 우리 마음의 근본엔 남녀도 없고 노소도 없습니다. 잘나지도 않고 못나지도 않고, 옳지도 않고 그르지도 않고, 크지도 않고 작지도 않고, 성인도 범부도 아니고, 죽고 살고도 없고, 너와 나도 없습니다. 그러나 본래면목은 없는 그 가운데 헤아릴 수 없이 다양한 모습으로 작용되고 있습니다.

　우리의 껍데기인 오온은 잠시 이 세상에 인연 따라 나툰 것일 뿐입니다. 이것이 '참나'는 아닙니다. 이 생生에 여자로 태어나면 여자 노릇을 하고, 남자로 태어나면 남자 노릇을 합니다. 잘나게 태어나면 잘난 줄 알고, 못나게 태어나면 못난 줄 알고, 높은 지위에 올라가면 대단한 줄 알고, 지위에서 떨어지면 그야말로 죽을 지경으로, 이렇게 찰나에 나투는 그것이 '참나'가 아닙니다. 현재의 나라고 규정하는 것은 지금 잠시 쓰는 물건이요, 껍데기일 뿐입니다.

　내 본래면목은 모습이 없습니다. 한 사람이 손녀를 만나면 할머니가 되고, 남편을 만나면 아내가 되고, 며느리를 만나면 시어머니가 되고, 도반을 만나면 같이 도반이 되고, 스님을 만나면 청신녀가 되고, 싸우는 사람을 만나면 나도 싸움꾼이 되고, 착한 사람을 만나면 나도 착하기 그지없는 사람이 되면서, 상황 따라 그저 이름이 바뀌고 노릇이 바뀔 뿐입니다. 그런데 어떤 때의 내가 진정한 나일 수 있겠습니까? 어떤 놈이 진짜 나인가요? 모습 없는 참모습, 이름 없는 참 이름, 온갖 노릇을 하게 하는 그 자리, 그것이 자기의 본래면목인 '참나'의 본체인 것입니다. 따라서 내가 누구인지를 언제나 잊지 말아야 합니다.

　나는 누구인가요? 본래 부처이고 본래 진리이고, 본래 청정한 놈이고, 어디에도 물들지 않는 허공과 같습니다. 이 우주를 다 감싸고도 남지만 찾아보면 아무 흔적도 없습니다. 나는 부동不動하니 고요하여 움직이지 않습니다. 마치 허공과도 같아 없어지지도 않고 생기지도 않고, 크지도 않고 작지도 않지만, 스스로 동쪽 허공 서쪽 허공 나눠서 분별할 뿐입니다. 그것이 '참나'입니다.

'참나'는 자성, 반야바라밀, 본래 부처, 이름 없는 참 이름, 주인공, 본래면목이라고도 하고 불성佛性, 진여眞如, 각성覺性 등등 여러 이름으로 불립니다. 위없는 올바르고 완전한 지혜의 깨달음인 '아뇩다라삼먁삼보리阿耨多羅三藐三菩提'라고도 합니다. 그러나 이름은 이름일 뿐, 무엇이라고 붙여도 상관없습니다.

'참나'에 대해 이야기했지만, 막상 완벽하게 이해하기란 쉽지는 않습니다. 그래서 이번에는 '참나'를 '양심'에 비유해 보겠습니다.

나쁜 짓을 하면 나쁜 짓인 줄 알고, 좋은 일을 하면 좋은 일 하는 것을 아는 자리가 양심입니다. 양심이란 놈은 나이도 없고, 성별도 없고, 크지도 작지도 않고, 선도 악도 아닙니다. 성聖과 속俗도 벗어나서 지켜보는 자리입니다. 자각하는 그 자리, 그 자리는 부처도 아니고 중생도 아니지만, 밝고 밝으며 신령스럽게 알아차림을 지속적으로 합니다. 이를 소소영영昭昭靈靈이라 합니다.

온 천하 사람을 다 속여도 나 자신은 속이지 못합니다. 양심이란 놈을 속일 수는 없습니다. 그래서 자기를 믿고 의지하면 지켜보는 놈이 우뚝 생깁니다. 그 지켜보는 놈이 비유하자면 양심과 같은 '참나'입니다.

그렇다면 '참나'의 성품은 어디에 있는가? '참나'는 작용하는 곳에 있습니다. 슬프면 슬픈 줄 알고, 기쁘면 기쁜 줄 알고, 좋으면 좋은 줄 알고, 화나면 화난 줄 알고, 그 속에 항상 아는 놈이 바로 성품입니다. 그러나 '참나'는 중생의 눈으로는 볼 수 없습니다. 수행을 통해 생활 속에서 실현해 내고 진리의 안목을 갖추어야만 볼 수 있습니다.

그런 점에서 '참나'는 불빛과도 같습니다. 손전등으로 사물을 비추면 불빛에 모든 것이 드러납니다. 불빛은 자신이 비춘 사물들을 훤히 드러내지만 불빛 자체는 물들지 않습니다. 불빛은 비추어서 나투게 할 뿐 본래 빛일 따름입니다.

'참나'도 마찬가지입니다. '참나'는 그 어떤 것에도 물들지 않습니다. 마치 손전등을 똥에 비추면 불빛이 똥을 온통 드러내지만 더러움에 물들지 않는 것과 같습니다. 꽃을 비춘다 해서 꽃의 아름다움에 물들지도 않습니다. 물을 비춰도 젖지 않고, 불을 비춰도 타지 않고, 깨끗함에도 더러움에도 물들지 않습니다. 불빛이 비춘 것은 드러난 모습일 뿐입니다. 지금 내가 기쁘다면 기쁜 것이 내가 아니라 비춰서 잠시 드러난 것입니다. 마치 손전등 불이 기쁨을 비춰서 드러낸 것과 같습니다. 마찬가지로 지금 내가 슬프다면 슬픔을 잠시 비추어 드러낸 것뿐입니다.

그러나 중생은 미혹하여 기쁜 것이 나인 줄 알고, 슬픈 것이 나인 줄 알고, 고통 받는 것이 나인 줄 알고, 행복한 것이 본래 나인 줄 압니다. 그러니 그렇지 않습니다. 잠시 그때그때의 상황을 비춘 것뿐입니다. 기쁨을 비춰서 드러내고, 슬픔을 비춰서 드러내고, 아픔을 비춰서 드러내고, 행복을 비춰서 드러낸 것일 뿐입니다.

그래서 『금강경오가해』에서 야부선사는 "그대는 기뻐도 나는 기쁘지 않고, 그대는 슬퍼도 나는 슬프지 않도다."라고 하였습니다. '참나'의 본체는 본래 물들지 않으니 슬프고 기쁘고 할 자리가 아니라는 겁니다. '참나'의 작용은 기쁘기도 하고 슬프기도 하니, 이는 둘이 아닌 까닭입니다. '참나'에 의지하면 슬프면서도 슬프지 않고, 기쁘면서도 기쁘지 않고, 하면서도 함이 없고, 보면서도 보지 않고, 들으면서도 듣지 않는 도리가 있습니다. 이것을 중도정견中道正見, 참다운 바른 견해, 진정견해眞正見解라 합니다.

  마음공부의 시작은 바른 믿음으로부터 시작됩니다. 맹목적인 삿된 믿음이 아니라 바른 믿음이라 이름 하는 것은 반드시 불성에 대한 바른 믿음으로 시작하여 바른 앎과 바른 실천이 치우치지 않고 균형을 이룰 때 우리는 제대로 깨달아 들어갈 수 있기 때문입니다.

  그렇다면 바른 믿음은 어떻게 증장할까요. 바른 믿음은 바른 앎으로 굳건해집니다. 경전을 보고 어록을 보고 성인의 법문을 자주 들어 바른 믿음을 갖출 수 있습니다. 성인들의 법문과 화두 속에 함께 계심을 믿어야 합니다. 바른 믿음과 바른 앎이 갖추어졌을 때 비로소 자기 마음가운데 있는 본래 부처와 만나는 깨달음의 체험을 하게 되는 것입니다.

  여러 선법 중에서도 조사선은 본래부처의 정신을 그대로 이어받아 단박에 깨치는 돈오선입니다. 조사선에서는 깨달은 선지식이 제자들과 일상 속에서 주고받는 말과 행과 뜻이 그대로 선문답으로 제시되어 있습니다. 그리고 이 선문답을 화두로 정형화시킨 것이 바로 간화선입니다. 간화선은 옛 조사스님들의 말씀을 간절히 의심해 들어가 말길이 끊어지고 생각의 길이 끊어진 그 자리에서 화두를 타파하여 확철대오廓徹大悟하는 수행입니다.

  조사선, 화두선을 하기 전에 반드시 전제되어야 할 것은 시간과 공간 속에서 구체적으로 역사 속에 존재하였던 선지식에 대한 믿음이 분명해야 한다는 것입니다. 진리를 깨달은 선지식은 시공을 초월해 있기 때문에 법문과 화두 속에 항상 존재하게 되는 것입니다. 곧 선지식은 스스로 제시한 화두 공안 속에 지금 그대로 드러나 있다는 겁니다. 이러한 믿음으로 화두 공안을 참구할 때 비로소 자기 마음 가운데 있는 선지식을 친견하고 스스로 견성 체험을 할 수 있게 되는 것입니다.

다음은 조주선사의 '뜰 앞의 잣나무庭前栢樹子' 화두와 운문선사의 '마른 똥 막대기乾屎橛' 화두입니다.

어떤 스님이 조주스님에게 물었다.
"달마가 서쪽에서 온 까닭이 무엇입니까?"
조주스님이 말했다
"뜰 앞의 잣나무다."

어떤 스님이 운문스님에게 물었다
"무엇이 부처입니까?"
운문스님이 대답했다.
"마른 똥 막대기다."

여러분, 아시겠습니까?

선지식에 대한 바른 믿음과 진리에 대한 바른 앎으로, 일상생활 속 언제 어디서나 스스로의 불성을 잊지 말고 굳게 믿으며, 화두를 참구해 나가기 바랍니다.

# 04

## 행복해지는 일상 명상

자비경선慈悲鏡禪 걷기명상
행불명상
자기를 알고 '참나'로 사는 법

# 자비경선 慈悲鏡禪
# 걷기명상

### 지운스님

(사)한국차명상협회 이사장이자 보리마을 자비선명상원 원장으로 선명상 대중화를 이끌고 있다. 미얀마 판디타 위빠사나센터와 인도 다람살라 등에서 수행했으며, 2003년부터 대중을 위한 선 명상을 지도하고 있다. 조계종 계단위원이자 단일계단 존증사, 자비선사 주지이며 조계종 승보종찰 송광사 강원의 강주와 팔공총림 동화사 율주를 역임했다.
저서로 『깨달음으로 가는 길』 『찻잔 속에 달이 뜨네』 『자비수관과 뇌과학』 『명상, 깨달음을 논하다』 등이 있다.

 * 2023 서울국제명상엑스포 '선지식·지성인과의 만남'의 **지운스님** 영상을 ▶ YouTube로 볼 수 있습니다.

  오늘날 세상이 빠르게 변화하는 속에서 몸과 마음이 지친 많은 사람들이 명상을 찾고 있습니다. 삿된 명상은 우리의 몸과 마음을 더욱 피폐하게 만들기 때문에 여러 가지 명상 방법 중에서 과연 어떤 것이 바른 명상이고 어떤 것이 삿된 명상인지 옥석을 가려야 할 필요가 있습니다. 바른 명상과 삿된 명상을 구분하는 기준을 알아보고, 우리가 일상생활 속에서 효과적으로 활용할 수 있는 명상법인 자비경선 걷기 명상에 대해 알아보겠습니다.

  우선 삿된 명상이 어떤 것인지를 살펴볼까요.『원각경』에 삿된 명상으로 작임지멸作任止滅의 네 가지 종류를 제시하고 있습니다. 첫째, 수행의 경계를 자기가 만드는 작병作病입니다. 두 번째는 임병任病, 대상과 합일하거나 대상에 몸과 마음을 집어넣어 버리는 것을 말합니다. 여기서 임任은 맡긴다는 의미를 가집니다. 세 번째는 잡생각, 감정이 일어나지 않게 억눌러서 애를 쓰는 지병止病입니다. 그리고 네 번째는 몸을 다 때려 부수고 죽이고 없애버리는 멸병滅病입니다. 이는 심지어 기억과 생각마저 소멸시키고 마음 자체를 없애는 것입니다. 이러한 삿된 명상의 공통점은 인식 수단이 없다는 것입니다. 인식 수단이 없기 때문에 명상 속에서 일어나는 몸·감각·마음·마음의 현상을 알 수 없고 마음의 고요함인 삼매도 일어나지 않으며 번뇌 망상의 뿌리를 잘라 없애는 지혜가 생기지 않습니다. 때문에 삼매와 지혜가 생기지 않아 생사의 괴로움을 일으키는 번뇌의 불이 완전히 꺼진 불사不死의 열반에 이르지 못합니다.

명상의 인식 수단은 직관과 추리입니다. 과학과 철학에서도 직관과 추리를 사용해서 사물의 본질을 파악하는 것과 다르지 않습니다. 여기서 직관은 사띠sati, 즉 '알아차림' 입니다.

『청정도론』에서는 사띠를 '강하게 인식한다, 대상과 직면한다, 잊어버리지 않는다, 깊이 들어간다'의 네 가지로 정의하고 있습니다. 알아차림이란 "대상을 즉각 안다, 생각하지 않고 바로 안다."는 의미를 가집니다. 우리가 컵을 볼 때 이것이 무엇인지 생각하지 않고 바로 컵이라고 인식하죠. 이러한 것을 모두 사띠라고 합니다. 이를 직관이라고 하며 훈련하면 효과적인 명상 수단이 됩니다.

사띠라는 직관은 딱딱하면 딱딱하다고 알고, 부드러우면 부드럽다고 알고, 거칠면 거칠다고 알고, 일어나는 현상을 탁탁 바로 알아차리다가 어느 순간 감정과 생각이 끼어들지 않고 알아차림만 있는 상태로 가게 되는데, 그때 찰나 삼매가 생기게 됩니다. 순간 순간 고요함이 오는 이것을 찰나 삼매라고 합니다.

찰나 삼매가 생기면 이 삼매를 의지해 지혜가 생기게 됩니다. 그때는 심안心眼, 즉 마음의 눈이 열립니다. 그 다음 딱딱하면 딱딱하다고 알던 것에서 나아가 어느 순간 딱딱함이 생겼다 사라졌다 하는 것이 보이기 시작합니다. 육안으로 볼 수 없는 것을 보기 시작하면서 몸의 현상을 볼 때 딱딱한 것도 일어나고 사라지고, 부드러운 것도 일어나고 사라지고, 거친 것도 일어나고 사라지고, 모든 현상도 공통적으로 일어나고 사라짐을 봅니다. 어떤 이미지, 생각, 감정도 생겼다 사라지는 것이 보입니다. 그러면 이제 비로소 위빠사나의 지혜로 들어갑니다. 쉽게 말하면 직관적 분석이 되는데, 생각하지 않고도 현상의 일어남과 사라짐이 구별되고, 물질현상과 정신 현상을 즉각적 분별이 되는 것입니다.

『대승기신론』에서는 "인연이 일어나고 사라지는 현상을 분별하는 것이니 위빠사나 관觀을 수순하는 뜻이기 때문이다.所言觀者 謂分別因緣生滅相 隨順毗鉢舍那觀"라고 정의합니다. 이와 같이 물질 현상과 정신 현상을 즉각 분별함은 위빠사나 16단계 중에 첫 번째 지혜입니다.

『대지도론』을 보면 용수보살에게 어느 질문자가 "지혜가 있으면 모든 걸 지혜 하나로 다 꿰뚫어 보면 되지 않습니까? 그런데 사띠를 왜 해야 됩니까?"라고 묻습니다. 용수보살이 답하기를 "사람은 처음부터 지혜가 있는 게 아니기 때문에 사띠 훈련, 알아차림 훈련을 해야 된다."고 했습니다. 알아차림을 할 때 비로소 지혜가 이끌려 나온다는 이야기입니다. 그래서 수행 논서인 『청정도론』에도 "사띠에 의해서 삼매와 지혜가 균등하게 된다."고 분명하게 얘기를 합니다.

요약하자면 직관은 눈앞에 있는 대상을 즉각적으로 아는 것입니다. 직관과 달리 추리는 논리적인 분석을 포함하고 있습니다. 그것을 추론이라고도 얘기합니다. 눈 앞에 없는 대상을 아는 방법입니다. 눈 앞에 없는 대상을 알 수 있는 능력이 사람에게 있습니다. 바로 의식이 그런 역할을 하는데 아무것도 없는 허공을 인식할 수 있는 것, 아무것도 없는 무無를 인식할 수 있는 것, 없다는 무無를 인식할 수 있는 것이 의식의 특징입니다. 존재의 근원을 얘기할 때 공空을 얘기하고, 불성佛性이라든지 이런 존재의 근원을 알 수 있는 것은 직관으로 알 수 없고 추리를 해야 됩니다.

추론을 통해서 대상이 드러나면 그때서야 직관을 통해서 들어가는 겁니다. 그래서 추리와 직관의 이 두 가지 인식 수단은 서로 분리되어 있지 않습니다. 추론을 통해 공성이 드러나고 이 공성을 직관해서 들어가면 증지證智, 즉 깨달음입니다. 이렇게 직관과 추론을 통해서 모든 존재의 근원을 꿰뚫어 보고 깨달음을 얻습니다.

그렇기에 직관과 추리가 없는 명상은 명상이 아닙니다. 사마타와 위빠사나의 직관과 추론을 통해 심안心眼이 열리면 사물의 실체 없음을 봅니다. 명상의 핵심은 인식을 닦아야 퇴보하지 않고 향상할 수 있다는 것입니다. 그런데 직관, 추리라는 인식 방법이 없는 명상은 무지, 무명이 없어지지 않아서 바른 명상이 될 수가 없습니다.

이를 기준으로 해서 삿된 명상인 작임지멸作任止滅을 하나하나 살펴보겠습니다. 우선 작병作病의 사례로는 멍 때리기, 과거 기억의 파괴, 느낌 명상 등이 있습니다. 요즘 유행한다는 멍 때리기에는 직관과 추리가 없습니다. 그냥 멍하니 있으면 두뇌는 쉴 수 있지만, 옳고 그름을 판단하지 못합니다. 또 성취가 없이 똑같은 경계로 돌고 돌기 때문에 어느 나라에서 먹든 일정한 맛에서 벗어나지 못하는 햄버거와 같다고 해서 햄버거 명상이라고도 합니다. 과거 기억을 사진으로 찍어서 그 사진을 불에 태워 버리거나 또는 블랙홀을 상상하여 자기감정, 기억, 생각 등 정신적인 것, 안 좋은 것을 다 집어넣어서 빵 터뜨려 버리는 명상도 있습니다. 거기에는 직관과 추리가 없기에 작병에 포함됩니다. 부정적인 감정과 번뇌,

트라우마 같은 것이 일시적으로 사라진 듯 보이나 사람들을 만나면 다시 생겨나기 때문에 고통이 계속 반복되기 때문입니다.

인식 수단이 없는 명상으로 느낌명상이라는 것도 있습니다. 나타나는 현상을 느낌으로 아는 것을 명상이라고 생각하고 수행한다면 이 또한 삼매와 지혜가 생기지 않습니다. 느낌은 관찰 대상을 판단하거나 비판하는 능력이 없습니다. 느낌은 대상이 좋든 싫든 올바르든 올바르지 않든 관계없이 무조건으로 받아들이는 것이기 때문입니다. 느끼는 것이 명상이라고 생각하여 추구하게 되면 두 가지 문제가 생깁니다. 첫째, 좋은 느낌을 찾아서 국내외 여러 곳을 찾아다니면 경제적인 문제가 발생합니다. 둘째, 고통스러운 느낌을 싫어해서 좋은 느낌만을 추구할 것이며, 결국 감각적 쾌락으로 파멸의 길로 들어설 것입니다.

이와 같이 느낌은 고통의 원인이며 윤회의 원인입니다. 느낌에서 이미지와 의도와 갖가지 감정과 생각이 일어나기 때문에 감각의 정체를 모르면 번뇌 망상이 치성해지고 어리석게 됩니다. 말하자면 좋은 느낌은 탐욕으로 가고 싫은 느낌은 분노로 가며, 무덤덤한 느낌은 어리석음으로 갑니다. 그러므로 느낌이 일어나고 사라지는 현상을 알아차리는 인식 수단으로 느낌의 특성을 살펴서 좋은 느낌은 좋은 느낌에서 끝나고, 싫은 느낌은 싫은 느낌에서 끝나고, 무덤덤한 느낌은 무덤덤한 느낌에서 끝나야만 됩니다.

임병任病의 사례로는 음악명상을 들 수 있습니다. 음악을 틀어놓고 몸과 마음을 멜로디에 집어넣는 음악명상을 오래했던 한 운전자는 건망증이 심해져서 혼자서 운전을 못할 정도가 되었다고 합니다. 사띠 없이 몸과 마음을 음악과 합일을 시킨 음악명상은 몸과 마음에 대상이 맡긴 것으로 삿된 명상 중 임병任病입니다.

지병止病은 생각이 일어나지 않도록 그냥 꾹꾹 눌러 참는 것입니다. 생각이 일어나면 명상이 아니라고 여기고 생각을 눌러 일어나지 않게 하는 것이 명상이라고 생각하는 것으로 보편적으로 수행자들이 많이 범하는 오류입니다.

멸병滅病은 허공명상, 생각을 없애는 명상 등이 대표적입니다. 몸과 마음을 다 없애버리는 것이 멸병滅病인데, 허공을 궁극으로 여기고 형상을 다 없애 버리려고 합니다. 꿈과 상상과 현실은 같습니다. 단지 장소만 다를 뿐입니다. 꿈속에서도 대상을 인식합니다. 상상 속에서도 마찬가지입니다. 그래서 현실과 같이 몸이 반응합니다. 때려 부수고 죽이고 하면 마음에 정보로 저장이 됩니다. 무의식에 저장되는 것입니다. 저장된다는 것은 조건과 환경이 맞으면 언제든지 다시 그 폭력적인 것이 나타날 위험성이 있습니다.

이 허공명상은 허공이 목적이기 때문에 몸의 형상이 모두 사라지면 깨달음이라고 합니다. 몸이 없을 때만 허공이 되니까 깨달았다는 것인데, 깨달았으면 다시 미혹하게 되지 말아야 합니다. 그런데 몸은 다시 생깁니다. 이와 같이 깨달은 성인이 되었다가 범부가 되었다가 무한 반복이 됩니다.

『능엄경』에 보면 설법제일 부르나 존자가 부처님께 묻습니다. "부처님이시여! 부처는 언제 중생이 됩니까?" 부처님께서는 친절하게 답변하십니다. "나무를 태우면 재가 된다. 재는 다시는 나무로 돌아가지 않는다. 마찬가지로 한번 깨달으면 다시는 미혹해지지 않는다."며 중생으로 돌아가지 않는다고 설합니다.

허공명상 가운데 몸의 사라짐은 거친 무아無我를 체험하는 것으로, 진정한 무아가 아님에도 몸이 사라진 것을 무아라고 하며 무아를 체득하기 위해서 과거 기억을 없애고 일어나는 사고의 작용을 없애야 한다고 합니다. 하지만 사고 작용이 없다면 일정 부분 자아에 대한 오해를 없앨 수 있지만 무아에 대한 앎지혜을 성취할 수는 없습니다.

생각을 없애는 것은 곧 명상의 수단을 없애는 것입니다. 생각에는 염상사念想思가 있습니다. 념念은 곧 알아차림인 사띠sati이며, 상想은 이미지입니다. 이미지를 떠올려 그 이미지에 직관하면 관상법觀想法이 됩니다. 사思는 이치를 사유하는 능력인데 선정禪定을 의지하여 이치를 사유하면 무분별의 지혜를 얻을 수 있습니다. 이와 같이 생각이 지혜를 일으키는 명상 수단입니다. 그래서 "사고 작용을 끊어버리는 명상은 지혜가 생기지 않아 깨달음을 얻을 수 없다.莫百物不思 常令念絶 卽是法縛 卽名邊見"고 『육조단경』은 설합니다. 인식을 닦고 바꾸는 것이 바로 명상 방법이라고 할 수 있습니다. 허공과 마음은 둘 다 그 크기가 무한하고 생멸이 없습니다. 다른 점 딱 한 가지는 허공은 아는 성질이 없는데 마음은 아는 성질이 있다는 것입니다. 그래서 마음은 생명의 근원이지만 허공은 아닙니다.

『원각경』에서는 '무변허공 각소현발無邊虛空 覺所顯發'이라고 합니다. 끝없는 허공은 깨달음이라는 성품에선 현현해서 나타난다는 것으로, 무변 허공은 깨달은 마음에서 나온 것입니다. 또 『능가경』은 "지혜가 생기면 무의식 속에 들어있는 정보, 부정적인 정보도 같이 없어진다."라고 설합니다. 즉, 지혜라는 분명한 인식 수단이 생겨야만 내면적인 문제를 해결할 수 있다는 가르침입니다.

올바른 명상과 삿된 명상을 비교했으니, 일상에서 여러분이 행할 수 있는 수행법을 알려드리겠습니다.

　바로 자비경선慈悲鏡禪, 걷기선 명상입니다. 우리가 움직인다는 것은 반드시 기운과 관계가 있습니다. 몸의 구성 요소는 흙·물·불·바람의 4대 요소인데 바람의 요소가 에너지입니다. 아기가 처음 태어나서 기어 다니고, 똥 싸고, 오줌 싸고, 일어서서 걷고, 뛰고 하는 것은 바로 아래로 내려가는 기운, 하행기下行氣가 있어서 가능합니다. 그리고 말하고 생각하고 먹고, 자고, 듣고 하는 것은 위로 올라가는 기운인 상행기上行氣가 있어서 입니다. 음식을 먹으면 소화시켜야 되는데 배와 배꼽에 평등하게 머무는 기운, 등주기等住氣가 돕습니다. 심장에서 피가 나와서 온몸을 한 바퀴 도는데 30초 정도 걸리는데 이때 기운이 함께 동반합니다. 그것을 온몸에 두루 행하는 기운인 변행기徧行氣라고 합니다. 그리고 가슴과 정수리에는 생명을 유지하는 기운이 있는데 이것은 지명기持命氣입니다. 일상생활 속에서 걸음걸이가 늦으신 분들은 하행기가 약해서 그렇습니다. 이럴 때는 의식을 발바닥에 두고 걸으면 됩니다.

　『대념처경』 주석서에는 "내가 걷고자 하는 마음을 일으키면 몸에 기운이 일어나고 그 기운에 의해서 걷고자 하는 암시가 생기고 그 다음에 걸어간다. 마음이 있는 곳에는 기운의 흐름이 있다."고 합니다. 밀교 논서에는 "몸에는 7만 2천 개의 기맥이 있고 그 기맥에 2만 1600개의 기운이 발화가 되고 2만 1600가지의 기운이 몸을 움직이고 입을 움직이고 생각을 하게 한다."고 했습니다. 바로 기운이 신·구·의身口意 삼업三業을 움직이는 것입니다. 그래서 마음이 있는 곳에는 기운의 흐름이 있습니다.

의식을 발바닥에 두고 걷게 되면 하행기의 힘이 생깁니다. 그러면 빨리 걸을 수가 있고 계단을 올라갈 때도 힘들지 않고 착착 올라갈 수 있습니다. 의식을 정수리에 두고 걸으면 어떻게 될까요? 상행기가 좋아지면서 피곤해서 눈꺼풀이 자주 감기던 것이 떠지고 미간이 저절로 펴집니다. 또한 허리가 쭉 펴지고 상체가 가벼워집니다. 이제 배꼽에다가 의식을 두고 걸으면 등줄기의 힘이 좋아져서 엉덩이가 무거워 일어나기 힘들었던 사람들이 앉았다가 일어서는 것이 쉬워집니다. 발바닥에 의식을 두면 발 차가운 것이 없어지고 손가락에 의식을 두고 걸으면 빨리 뛰던 심장이 잠잠해집니다. 그래서 온몸에 기운이 왕성하게 일어나는데 이것은 변행기가 좋아져서 생기는 현상입니다.

한 생각도 일어나지 않게 하는 방법이 있습니다. 발바닥과 정수리 두 군데 의식을 동시에 두고 걸어가는 것입니다. 그렇게 하면 생각이 일어나지 않고 찰나삼매를 얻습니다. 앉아서 좌경선坐鏡禪을 할 때 발가락 끝, 정수리, 손가락 끝에 의식을 동시에 두고 이 세 군데를 한 경계로 삼아서 무심히 집중하고 있으면 몸이 사라져 버리고 심일경성心一境性을 얻습니다. 하지만 행경선行鏡禪, 즉 걷기선 명상을 할 때는 가만히 집중하는 게 아니고 계속 움직이기 때문에 세 군데에 무심히 의식을 두고 걷는 것입니다.

걷기선 명상을 하는 방법을 좀 더 구체적으로 소개하겠습니다. 먼저 의식은 발바닥에 둡니다. 두 개의 발바닥을 하나로 치고, 의식이 발바닥에서 벗어나지 않도록 합니다. 그러면서 감각을 알아차립니다. 다음에는 의식을 정수리에 둡니다. 정수리에 감각이 없는 사람은 정수리에 연꽃이 하나 피어있거나 찻잔이 놓여 있다고 상상하면서 거기에 의식을 둡니다. 다음으로 의식을 손가락 끝에 둡니다. 손가락 끝에 감각이 있으니 의식을 둘 수가 있습니다. 이번에는 발가락과 정수리 두 군데에 의식을 동시에 둡니다. 안 되는 사람은 발가락과 손가락 두 군데에 의식을 동시에 두고 봅니다.

걷기명상은 눈을 뜨고 합니다. 걸을 때는 나중에 발바닥이 보일 때까지 의식을 발바닥에 두고 걸어야 하는데 발바닥이 보이면 심안이 열려 있는 것입니다. 수행자 중에는 앉아 있으면 입안까지 다 보이고 몸 전체가 다 보이는 경계까지 가신 분이 있습니다. 이것을 육안으로 볼 수 없는 것을 보는 것, 즉 심안心眼이라고 합니다.

걸을 때는 발바닥, 정수리에 의식을 두고 걷습니다. 그러면 어느 순간 온몸이 보이기 시작합니다. 마음의 본성은 보는 성품이 있고, 보는 성품은 불변입니다. 바뀌지 않습니다. 항상 합니다. 걷기 선 명상은 보는 성품을 드러내기 위한 방법입니다. 그래서 발바닥과 정수리에 의식을 두고 걸으면 마음 자체가 보는 성질이 있기 때문에 의식 공간이 커집니다. 그러면서 전체가 보이기 시작하고 이때 전체를 보는 의식은 전체의식입니다.

저는 2013년부터 자비경선의 효과를 검증하기 위해 히말라야를 자주 방문했는데 2023년에는 파키스탄에 다녀왔습니다. 간다라 불교 유적지를 탐방하면서 걷기명상을 했습니다. 하루에 1만 걸음 이상 걸었는데 참가자 한 분이 "걸을 때 몸이 휘청거린다."면서 바르게 걷는 방법을 질문하셨습니다. 이에 발바닥, 정수리, 손가락 세 군데에 의식을 두도록 지도했더니 며칠 만에 휘청거림이 모두 사라졌습니다. 그래서 몸 근육의 움직임 등 온 감각을 무상·고·무아로 관찰하고 더 나아가서 주변 사물과 한 공간을 이루도록 추가로 지도했습니다.

지난해에 쿰부 히말라야에 다녀올 때 참가했던 수행자의 체험 일기에도 비슷한 명상 체험이 있습니다. 발바닥, 정수리에 의식을 두고 스틱을 잡고 걷는데 사물과 한 공간을 이루었다고 합니다. 양쪽이 전부 설산인 그 넓은 공간이 한 공간을 이룬 것이죠. "한 공간, 그 자체가 곧 마음"이라고 조언을 해 드렸습니다. 마음의 크기는 그토록 무한한 것입니다. 몸이 다 사라지고 의식만 남아있고 움직임만 있는 그 상태에서 한쪽에는 절벽이 있고 그 밑에는 시퍼런 호수가 있는데도 두려움 없이 담담하게 계속 걸어갔습니다. 쿰부 히말라야는 극한의 환경이어서 걷기명상을 안 할 수 없기 때문에 그 효과가 더 빠르고 큽니다.

생각이 그냥 일어났다 사라졌다 하는 것은 괜찮지만, 생각의 다발이 하나의 거대한 흐름을 이루면서 일어나는 경우가 있습니다. 그러면 그 생각에 치여 지쳐버리는 사람이 꽤 많습니다. 이런 분들은 인식 대상을 바꿔야 합니다. 발바닥에 의식을 두고 걷다가 생각의 흐름이 생기면 얼른 알아차리고 정수리에 의식을 둡니다. 또 생각의 흐름이 생기면 손가락 끝에 의식을 두는 등 인식 대상을 계속 바꾸는 겁니다. 의식을 둘 대상을 바꾸면 그때마다 생각의 흐름이 끊어지고 그러면서 '아, 생각은 실체가 없구나! 자아가 아니구나!' 하는 인식을 갖기 시작하면서 생각의 흐름이 점점 약해지거나 생각의 양이 훨씬 줄어듭니다. 이것도 걷기명상 방법 중 하나입니다.

한 생각도 일으키지 않으려면 발바닥과 정수리, 손가락 세 군데에 의식을 두면 되는데 세 군데 동시에 의식을 두는 것이 어려우면 발바닥과 손가락 끝에 의식을 먼저 두고 이것이 되면 정수리에도 의식을 두어서 마치 탑을 쌓아 올리듯 하든지, 아니면 처음부터 발바닥과 정수리 두 군데만 의식을 두고 걷습니다.

좌경선도 좋은 수행법 중 하나입니다. 허리가 자주 저절로 굽어지는 분이 있으면 다리는 결가부좌든 평좌든 상관없이 혀끝을 입천장에 붙이고 손은 왼손을 밑으로 오른손을 위에 두고, 두 엄지 손가락을 붙인 후 배꼽 아래로 내려놓습니다 비로자나 좌법·연꽃 좌법. 두 손을 양 무릎 위로 벌려놓으면 집중도가 떨어지기 때문에 두 엄지는 붙이기를 추천합니다. 그다음에 의식을 발바닥, 정수리에 두고 꼬리뼈 차크라에 의식을 둡니다. 처음 하시는 분은 의식을 동시에 두기가 어려워서 발바닥, 정수리, 꼬리뼈 차크라로 의식이 왔다 갔다 하는데 이때는 무심하게 합니다. 마음이 수동적인 상태가 되면 어느 순간 마음의 공간이 커집니다. 그렇게 되면 의식을 세 군데 동시에 두는 게 어렵지 않게 됩니다. 그러면 그때부터 온몸이 보이기 시작하면서 신체적 변화가 생기는데 허리가 쭉 펴지기 시작하는 것도 그 하나입니다.

두 번째로 목소리가 잘 안 나오고 자꾸 눈이 감기는 등 힘겨운 분들은 발바닥, 정수리, 배꼽 세 군데에 의식을 둡니다. 그렇게 하면 목소리가 좋아지고 소화도 잘되며, 화를 자주 내서 명치 부위가 막힌 듯한 느낌이 좀 완화되면서 얼굴이 밝아집니다. 이와 함께 세 번째로 발가락, 정수리, 손가락에 의식을 두는 방법이 있습니다.

우리가 일상에서 스트레스 받을 때 간편하게 쓸 수 있는 명상 방법으로 쉼명상이 있습니다. 시간은 길어봐야 30초 정도로 짧습니다. 쉼경선은 눈을 뜨고 합니다. 숨을 들이쉬고 내쉬고, 이때 중요한 것은 보려고 하거나 들으려고 하거나 느끼고 알려고 하지 않는 것입니다. 보이더라도 내버려 두고, 소리가 들리더라도 내버려 두고, 느낌이 있더라도 내버려 두고, 생각이 있더라도 내버려 둬야 됩니다. 그저 보려고, 들으려고, 느끼고, 알려고 하는 의도를 멈춥니다. 의식을 발바닥에 두고 스위치를 끄듯이 아무것도 하지 않습니다. 생각을 멈춥니다. 30초 정도 지나서 숨을 들이쉬고 내쉬고 이제 자가 점검을 합니다. 한 생각도 일어나지 않았는지, 마음이 차분해졌는지, 주변이 고요해졌는지, 시야가 좌우로 넓어졌는지 살펴보고 그중 하나라도 되면 몸과 마음을 쉰 것입니다.

일상생활에서 상대가 윽박지르거나 비난을 하거나, 위협을 가해서 스트레스를 받으면 숨을 들이쉬고 내쉰 후 얼른 의식을 발바닥에 두고, 스위치를 끄듯 생각을 멈춰버립니다. 미세하게 움직이는 몸을 멈추면 생각이 멈춰집니다.

알면서 행하는 걷기경선鏡禪의 대표적인 수행법은 의식을 깨우는 깸경선입니다. 먼 산의 능선에다가 자기 발바닥, 산 능선, 정수리 세 군데를 한 벨트로 삼아서 의식 공간을 확장하는 것입니다. 의식을 확장하는 명상의 근거는 사무량심四無量心 수행입니다. 경전에 "동서남북 사방팔방 상하로 무한히 마음을 확장하라. 사랑의 마음을, 연민의 마음을, 기쁨의 마음을, 평정의 마음을"이라는 구절이 있습니다. 그래서 걷기 선명상에는 기본적으로 네 가지 한량

없는 마음을 수행하는 것이 들어있습니다.

걸어가면서 한 공간을 이루는 게 중요합니다. 그 다음 사물과 한 공간을 이루고, 우주와 한 공간을 이루고. 이런 수행을 하다 보면 번뇌에 가려있던 '보는 성품'이 나타납니다. '보는 성품'이 나타나면 대상이 있어도 보고, 대상이 없어도 보고, 소리가 있어도 듣고, 소리가 없어도 듣고, 늘 불변의 보는 마음이 현현되는 상태로 갈 수가 있습니다. 그러면 우리가 죽지 않는다는 것을 확실히 알게 됩니다. 이것이 '숨 쉬지 않고 땀 흘리지 않는 그 무엇'이라고 합니다.

자비경선 걷기명상을 통해 여러분 모두가 일상생활에서 몸과 마음의 건강을 잘 챙기시고 깨달음의 길로 향상일로向上一路 하시길 바랍니다.

# 행불명상

## 월호스님

행불선원 선원장으로 한국참선지도자협회와 한국명상지도자협회 이사다. BBS불교방송 '월호스님의 행불아카데미'를 진행하고 있으며, 법공양 '줄탁동시'와 게송명상 '관찰자를 관찰하라' 프로그램 등을 운영하고 있다. 동국대 선학과 겸임교수, 해인사승가대학 교수, 쌍계사승가대학 학장을 역임했다.

저서로 『당신이 행복입니다』 『선가귀감 감설』 『아무도 너를 묶지 않았다』 『당신이 주인공입니다』 『언젠가 이 세상에 없을 당신을 사랑합니다』 등이 있다.

 * 2023 서울국제명상엑스포 '선지식·지성인과의 만남'의
**월호스님** 영상을 ▶YouTube로 볼 수 있습니다.

아바타로 바라보고 셀프감옥 탈출!
바라밀로 전환하여 사바감옥 탈출!
아미타와 함께 하니 모두 함께 탈출!
나도 해탈! 너도 해탈! 우리 모두 해탈!

세계 곳곳이 위기입니다. 러시아와 우크라이나 간의 전쟁이 한창인데, 또 이스라엘과 하마스 간의 전쟁이 개시되었습니다. 나아가 중국과 대만 간의 긴장관계도 심상치 않습니다. 세계적 예언가들이 공통적으로 코로나 같은 팬데믹이 몇 년 후 다시 올 것이며, 환경 파괴와 지구 축 이동으로 인한 기후 재난과 지각변동을 경고하고 있습니다.

내일이 먼저 올지, 내생이 먼저 올지, 아무도 기약할 수 없는 것입니다. 근래에 선방도반이었던 선원장 스님이 심근경색으로 갑자기 입적했습니다. 또한 얼마 전까지 연락을 주고받았던 기자분도 뇌경색으로 돌연사 했습니다. 다음 순서는 내가 아니라고 어찌 장담할 수 있겠습니까?

한 마디로 명상이 답입니다. 명상은 오늘의 나를 알고 매순간 삶에 충실하여 행복으로 나아가는 수행입니다. 그 핵심은 바로 행불行佛명상입니다. 부처의 행을 수행하는 행불명상에는 세 가지가 있습니다.

첫 번째는 아바타 명상입니다. 아바타는 본래 범어입니다. 산스크리트어 Avatāra라고 하는 용어를 영어에서 아바타라고 한 겁니다. 화신化身, 분신分身, 그런 뜻입니다. 그러니까 자신의 몸과 마음이 내가 아니라 '나의 분신, 화신'이라는 말이지요. 이렇게 생각해야 비로소 셀프감옥에서 벗어날 수 있는 여지가 생깁니다. 몸과 마음을 아바타라 분리해서 바라보고 셀프감옥에서 탈출해야 합니다. 이 몸과 마음이 '나'라는 생각이 바로 셀프감옥입니다.

"아바타가 욕심을 내고 있구나!"

"아바타가 화를 내고 있구나!"

"아바타가 시기 질투를 하고 있구나!"

이렇게 대면하여 관찰하면, 탐내고 화내고 어리석은 마음이 객관화되고 서서히 누그러지게 됩니다.

두 번째는 바라밀 명상입니다. 바라밀도 본래 범어로서, Pāramita입니다. '충만하다, 저 언덕으로 건너간다.' 이런 뜻을 가지고 있습니다. 무아에서 대아로 전환하여 '삼계 육도'라는 사바감옥에서 탈출해야 합니다. 사바세계 밖에도 무궁무진한 세계가 있음을 믿어야 합니다. 그 비결은 '마하반야바라밀'을 입으로 염念하고 마음으로 실천하는 것입니다.

"마하는 큼이요, 반야는 밝음이요, 바라밀은 충만함이다.

마하반야바라밀이 나요, 내가 마하반야바라밀이다.

나는 본래 크고 밝고 충만하다."

이렇게 입으로 염하고 마음으로 실천하다보면, 내가 우주 속에 있는 것이 아니라, 우주가 내 안에 있게 됩니다.

마지막 세 번째는 아미타 명상입니다. 아미타도 역시 범어로서

Amitābha입니다. 이는 '무량광無量光' 즉 '광명이 무량하다'는 뜻입니다. 사바감옥에서 벗어나야함을 알았다 해도, 혼자 힘으로 탈출하기는 거의 불가능합니다. 아미타 부처님의 원력에 편승해야 쉽게 탈출할 수 있습니다. 그 비결은 계로써 스승삼고, 일심으로 '아미타불'을 염하는 것입니다. 윤회를 벗어나서 인과를 초월하는 지름길, 아미타 명상을 하면 다음과 같은 일곱 가지 효과가 기대됩니다.

첫째, 모든 부처님이 챙겨주신다.
둘째, 삼독이 자연히 소멸한다.
셋째, 몸과 마음이 부드럽고 상냥해진다.
넷째, 기쁨이 가슴에 넘친다.
다섯째, 진리를 구하는 마음이 솟아난다.
여섯째, 내생이 기대된다.
일곱째, 죽으면 극락에 태어나 수명이 무량하다.

극락정토는 사바예토와 달리 인과因果를 초월한 메타버스입니다. 사바세계는 인과에 입각한 윤회게임 가상현실입니다. 고통과 즐거움, 삼악도와 삼선도 등 이분법으로 이루어져있어서 그 속에 있는 한 누구도 인과를 벗어날 수 없습니다.

극락세계는 인과를 초월한 해탈게임 가상현실입니다. 고통은 없고 즐거움만 있습니다. 삼악도가 없습니다. 수명이 무량합니다. 반야선에 탑승하면 누구나 갈 수 있습니다. 가기만 하면 인과에 떨어지지 않으며, 자동 해탈입니다.

요약해서 말하자면, 아바타명상은 일종의 응급 처방이며, 바라밀명상은 병상에서 벗어나 건강을 완전히 회복하는 것입니다. 아미타명상은 다시 노·병·사를 되풀이하지 않도록 영원히 병고와 죽음이 없는 극락정토로 건너가는 것입니다. 아이러니하게도, 죽음에 대한 공포가 줄어들수록 삶의 애착 또한 줄어듭니다. 그러면서 삶에 대한 용기와 배짱은 오히려 늘어나게 됩니다. 삶과 죽음은 둘이 아니기 때문입니다.

"죽기 밖에 더 하겠어? 죽으면 더욱 좋고!"

참선이나 명상으로 깨달음을 얻는 것은 마치 수영법을 배운 것과 같습니다. 나 혼자서 수영해서 잔잔한 호수나 작은 강은 건널 수 있습니다. 하지만 인생은 고해苦海바다입니다. 고해바다에 풍파가 몰아닥치면 자기 혼자 힘으로는 건널 수 없습니다. 타인을 건네줄 수도 없습니다. 그러므로 반야선을 타고 건너가야 합니다. 선주가 아미타불이고, 선장이 관세음보살과 대세지보살이며, 탑승 인원이 한량없습니다. 그걸 타고 건너면 나도 해탈, 너도 해탈, 우리 모두 해탈하는 것입니다.

다시 말하자면, 아바타명상과 바라밀명상은 자력갱생自力更生하는 참선 수행이며, 아미타명상은 타력왕생他力往生하는 정토 수행입니다. 자력은 인因이요, 타력은 연緣이므로 양자 모두 충실해야 그 결과가 잘 맺어집니다. 또한 참선은 지혜요, 정토는 방편입니다. 방편이 없는 지혜는 속박이요, 방편이 있는 지혜가 해탈입니다.

참선은 제상諸相비상非相이라, 살불살조殺佛殺祖하고

정토는 이상以相 치상治相이라, 활불활조活佛活祖하네.
죽이거나 살리기를 자유자재하면
살아서도 좋고, 죽어서는 더욱 좋네!

참선은 있는 부처도 없애버리고, 정토는 없는 부처도 만들어냅니다. 참선과 정토를 함께 닦아야 살활 자재한 진짜 선객禪客이 되는 것입니다. 선禪 · 정淨 쌍수雙修!

## 행불선원 금련결사 金蓮結社

■ 의미
선정쌍수하여 극락정토 금빛 연꽃에 화생化生하고자 하는 모임

■ 취지
인생은 한 바탕 꿈이자, 가상현실 게임이다.
사바예토는 인과에 입각한 윤회 게임이다.
극락정토는 인과를 초월한 해탈 게임이다.
가자, 가자, 건너가자! 반야선을 타고가자!

■ 참가 발원
하나, 저는 아미타불의 극락정토를 굳게 믿습니다.
둘, 그곳에 가서 태어나기를 지심 발원합니다.
셋, 계로써 스승 삼고, 일심으로 아미타 명상을 닦겠습니다.

- **효능**

① 모든 부처님께서 호념$^{護念}$하신다.
② 탐·진·치 삼독이 자연히 소멸한다.
③ 몸과 마음이 부드럽고 상냥해진다.
④ 기쁨이 가슴에 넘친다.
⑤ 진리를 구하는 마음이 솟아난다.
⑥ 내생이 기대된다.
⑦ 죽으면 극락에 태어나 수명과 광명이 무량하다.

- **입방 문의: 행불선원**

## 🪷 행불명상 요지

- **K1: 아바타(Avatāra) 명상**
- 모든 존재는 꿈$^{夢}$·아바타$^{幻}$·물거품·그림자·이슬·번갯불과 같다. 이와 같이 관찰하라. -『금강경』

- 공$^{空}$의 공식: A는 A가 아니요$^{卽非}$, 그 이름이 A일뿐$^{是名}$!
  몸은 살덩어리 아바타! 마음은 분별덩어리 아바타!
  이 세상은 가상현실$^{메타버스}$!

- 짜증은 내어서 무엇 하나? 성화를 받쳐서 무엇 하나?
  인생 일장춘몽$^{一場春夢}$인데 웃기도 하면서 살아보세. 니나노~

"웃자 웃을 일이 생긴다. 우~하하하하!"

■ K2: 바라밀(Pāramita) 명상

• 관자재보살이 깊은 반야바라밀을 행할 때에
 몸과 마음 아바타를 관찰하고 모든 고통 벗어났다. -『반야심경』

• 마음을 맑히고 '마하반야바라밀'을 염念하라.
 입으로만 외우고 실행하지 않는 이는 아바타幻와 같으며
 닦고 행하는 이는 법신法身과 부처와 같으니라. -『육조단경』

• 마하는 '큼'이요, 반야는 '밝음'이요, 바라밀은 '충만함'이다.
 마하반야바라밀이 나요. 내가 마하반야바라밀이다.
 나는 본래 크고 밝고 충만하다.
 나는 지금 크고 밝고 충만하다.
 나는 항상 크고 밝고 충만하다.
 "길어져라! 길어졌다!"

■ K3: 아미타(Amitābha) 명상

• '참 나'는 무아다. 무아는 대아요, 대아는 시아다.
 고정된 실체로서의 나는 없다. (無我)
 그러므로 어떠한 나도 만들 수 있다. (大我)
 바로 지금 여기에서 나의 행위가 나다. (是我)
 부처의 행이 부처다. 부처의 행을 수행하라. (行佛)

- 아바타의 최선용: 행불修行佛行
1. 믿자信: 행불의 멘토는 아미타불!
 '고통이란 일체 없고, 즐거움만 받으므로
 극락極樂이라 하느니라.'
 극락정토는 인과를 초월한 메타버스다.
 생각만 하면 생각대로! 퇴보는 없고 진전만!
 가기만 하면 자동해탈!

2. 원하자願: 어머니가 자식을 그리워하듯, 자식도 그리워해야!
 '이 말 들은 중생들은 극락정토 가서 나기 발원해야 하느니라.
 거기 가면 으뜸가는 사람들과 한데 모여 살 수 있기 때문이다.'

3. 행하자行: 계로써 스승삼고, 일심으로 아미타 명상을!
 살생·투도·사음·망어·기어·양설·악구·탐애·진에·
 치암(중죄 금일 참회)
 '나무아미타불' 2회씩 주거니 받거니, 혹은 '아미타바' 십념

- 행불하세요!
 아는 만큼 전하고, 가진 만큼 베풀자!
 전할수록 알게 되고, 베풀수록 갖게 된다.
 이것이 바로 행불이자,
 부처 되고 부자 되는 비결!

- 아바타 명상과 바라밀 명상은 자력갱생<sup>自力更生</sup>하는 참선수행!
  아미타 명상은 타력<sup>他力</sup>왕생<sup>往生</sup>하는 정토수행!
  자력은 인<sup>因</sup>이요, 타력은 연<sup>緣</sup>이다.
  인도 충실하고, 연도 충실해야 과<sup>果</sup>가 충실하다.
  선<sup>禪</sup>! 정<sup>淨</sup>! 쌍수<sup>雙修</sup>!

- ■ 행불명상 실습 매뉴얼: 선<sup>禪</sup>·정<sup>淨</sup> 쌍수

  (Avatāra ⟶ Pāramita ⟶ Amitābha)

  '마하반야바라밀'을 염<sup>念</sup>하면 참선수행!
  '나무아미타불'을 염<sup>念</sup>하면 정토수행!
  참선은 금생을 활기차게 만들어주고
  정토는 내생을 확실하게 보장해주네.

- 참선수행: 아바타가 걸어간다. 다만 걸어갈 뿐, 걷는 자는 없다.
  - 행선: 마음을 발바닥에 두고,
    왼발에 '마하반야' 오른발에 '바라밀'
  - 주선: 마음을 귀뿌리에 두고
    '마하반야바라밀' 2회씩 주거니 받거니
  - 좌선: 마음을 배에 두고,
    일어날 때 '마하반야' 들어갈 때 '바라밀'
  - 와선: 마음을 코밑에 두고,
    숨 들이쉴 때 '마하반야' 내쉴 때 '바라밀'

"몸과 마음을 관찰하지 않고, 백년을 사는 것보다
몸과 마음을 관찰하며, 하루를 사는 것이 훨씬 더 값지다."

"마하는 큼이요, 반야는 밝음이요, 바라밀은 충만함이다.
마하반야바라밀이 나요, 내가 마하반야바라밀이다.
나는 본래 크고 밝고 충만하다! 나는 지금! 나는 항상!"

"웃자, 웃을 일이 생긴다!"

- 정토수행: '나무아미타불'을 염하면서 행·주·좌·와
  - 행行: 왼발에 '나무' 오른발에 '아미'
    왼발에 '타아' 오른발에 '부울'
  - 주住: '나무아미타불' 2회씩 주거니 받거니
  - 좌坐: '아미따바' 10념씩
  - 와臥: '아미따바' 10념씩

아미타불 본심 미묘진언
'다냐타 옴 아리다라 사바하'(10회)
계수서방안락찰 접인중생대도사
아금발원원왕생 유원자비애섭수 고아일심귀명정례

원이차공덕 보급어일체 아등여중생
당생극락국 동견무량수 개공성불도

- 선禪! 정淨! 쌍수雙修!

  "참선은 제상비상諸相非相이라, 살불살조殺佛殺祖하고
  정토는 이상치상以相治相이라, 활불활조活佛活祖하네.
  죽이거나 살리기를 자유자재하면
  살아서도 좋고 죽어서는 더욱 좋네."

# 자기를 알고 '참나'로 사는 법

## 용수스님

세첸코리아 대표로 세첸명상센터를 설립해 운영하고 있다. 미국 유타대학 신방학과 재직 중 달라이라마 법문을 계기로 불교에 귀의해 네팔 세첸사원에서 스님이 됐으며, 프랑스 티벳선방에서 티벳 전통 무문관을 수행했다. 2008년 한국에 온 후 다양한 티벳불교 수행법과 명상법을 한국에 알리고 있다.

저서로 『안되겠다, 내 마음 좀 들여다봐야겠다』 『용수스님의 곰』 『용수스님의 코끼리』 『내가 좋아하는 것들 명상』 등이 있다.

 * 2023 서울국제명상엑스포 '선지식·지성인과의 만남'의
**용수스님** 영상을 ▶ YouTube로 볼 수 있습니다.

　우리가 인간으로 태어난 이유는 자기를 알기 위함이라고 할 수 있습니다. 이것은 불교의 목적이기도 합니다. 여기서 말하는 자기는 일반적으로 자기라고 생각하는 자기를 의미하는 것이 아닙니다. 여기서 말하는 자기는 참나, 불성, 진면목 등으로 표현합니다. 티베트 불교에서는 주로 마음의 본성이라고 합니다. 저는 애정의 뜻으로 '자기'라고 하지요. 자기를 알기 위해서 자기라고 생각하는 모든 것을 버려야 합니다. 자기라고 생각하는 모든 것이 자기가 아닙니다.

　티베트 불교의 중심은 바로 자기, 불성佛性입니다. 티베트 불교는 불성 불교라고 할 수 있습니다. 부처님께서는 깨달음을 얻은 뒤 "내가 깨달은 것은 심오하고, 분별이 없고, 찬란하다."라고 하셨습니다. 심오하다는 것은 근본불교의 가르침인 사성제를 의미합니다. 또 분별이 없다는 것은 대승불교의 가르침인 공空 사상을 뜻합니다. 그리고 찬란하다는 것은 『금강경』의 가르침인 불성을 가리킵니다. 부처님께서는 법륜을 세 번 굴리셨습니다. 모든 실상을 세 종류의 가르침으로 밝혔습니다. 초전 법륜은 녹야원에서 사성제를 설하셨고, 중전 법륜은 영축산에서 반야般若, 공사상을 설하셨습니다. 삼전 법륜은 준비된 이들을 위해 곳곳에서 불성을 설하셨습니다.

　수행은 불성, 즉 자기를 알기 위한 방법입니다. 우리는 대부분 몸과 마음, 혹은 이름을 자기라고 생각합니다. 몸이 피곤하면 '내'가 피곤하다고 합니다. 마음이 슬프면 '내'가 슬프다고 합니다. 이름을 부르면 '나'라고 생각합니다. 그러나 우리가 자기라고 생각하는 자기는 참된 자기가 아닙니다. 사람들은 자기가 누군지 모르고 무심코 자기에게 집착합니다. 우리는 내가 누구인지 알기 위해서 수행합니다. 자기가 누구인지 모르는 게 세상에서 가장 안타까운 일입니다. 자기를 아는 것이 가장 고귀한 일입니다. 이생에 가장 긴급하고 중요하고 핵심적인 것은 자기를 아는 것입니다.

여러분들도 이 글을 통해서 자기를 만날 수 있기를 간절히 바랍니다. 티베트 불교에서는 불성을 마음의 본성, 청정본심, 릭빠$^{rigpa}$라고 합니다. 릭빠는 Awareness, 다시 말해 자각, 알아차림을 의미합니다. 불성은 의식을 뜻합니다. 티베트 불교에서는 세 가지 무한한 성품으로 불성을 정의합니다. 세 가지는 무한한 자비와 무한한 지혜와 무한한 힘입니다.

먼저 무한한 자비는 모든 중생의 고통을 이해할 수 있는 연민입니다. 무한한 지혜는 모든 것을 알 수 있는 가능성입니다. 무한한 힘은 무엇이든 할 수 있는 무한한 능력입니다.

이것이 바로 우리의 성품입니다. 우리의 본성은 무한하게 훌륭하고 순수합니다. 우리가 만약에 본질적으로 나쁘면 희망이 없습니다. 우리는 본질적으로 순수하지만 습관의 측면에서 좋지 않은 모습도 있습니다. 다행히 본질은 버릴 수 없지만 습관은 버릴 수 있어요.

예를 들면, 천은 깨끗하고 순수합니다. 얼룩이 묻어서 지우면 천의 순수한 본질은 그대로 드러납니다. 이와 같이 업을 닦으면 청정한 본성이 저절로 드러납니다. 우리의 본성은 부처님과 똑같아요. 우리 모두 부처님입니다. 자신의 참모습을 알아보면 부처님이고, 참 모습을 몰라보면 중생입니다. 수행은 이러한 사실에 대한 자신감을 키우는 것입니다. 우리는 불성을 모르고 계속 자기를 구체화해서 없는 나를 더 견고하게 만듭니다. 생각으로 자기를 계속 정의하면서 자기 집착을 키웁니다. 모든 고통과 장애가 여기서 비롯됩니다. 자기를 더 이상 정의하지 않고, 생각으로 만든 자기를 해체하는 것이 수행입니다.

우리의 참된 본성에는 세 가지 특징이 있습니다. 그것은 고요하고 명료하고 행복합니다. 고요하다는 것은 생각이 없고 개념에서 벗어난 겁니다. 명료하다는 것은 식識이 있다는 겁니다. 보이고 들리고 느끼고 생각하는 것을 비춰 주는 자각입니다. 행복하다는 것은 무한하게 평화롭고 충만하다는 겁니다. 조건 없는 사랑 같습니다. 수행의 길에서는 이 세 가지 특징을 번갈아 가면서 체험하게 됩니다.

우리의 마음은 잔잔한 호수처럼 지극히 고요합니다. 때로는 마음이 청명한 가을 하늘처럼 명료합니다. 때로는 갓난아기를 바라보는 것처럼 사랑 그 자체입니다. 이 세 가지를 동시에 체험하면 평생 찾고 그리웠던 자기를 만나게 됩니다. 얼마나 경이롭고 반가운지요!

자기를 모르는 이유는 생각하는 마음에 사로잡혀 있기 때문입니다. 자기를 알기 위해서는 습관적으로 생각하는 마음을 초월해야 합니다. 자기 집착, 탐·진·치, 윤회와 고통은 생각하는 마음입니다. 계획하거나 공부할 때 물론 생각도 필요하지만, 습관적으로 일어나는 생각이 문제입니다. 생각을 계속 이어서 구체화하는 것이 윤회입니다.

수행은 생각으로부터 자유로워지고 참본성과 익숙해지는 것입니다. 생각으로부터 자유로워지는 것은 생각을 알아차리는 겁니다. 생각하고 있다는 것을 알면 생각에서 놓여나고 참본성이 드러납니다. 생각 자체는 나쁘지 않지만 집착해서 고통을 만듭니다. 수행의 진수는 생각을 놓는 것입니다. 흔히 말하는 방하착, 놓아 버리기, 내려놓음, 받아들임, 하심, 알아차림, 전부 다 생각을 놓는 것을 의미합니다. 대단히 간단하지만 매우 어렵습니다.

우리는 알아차림을 통해 생각에서 놓여날 수 있습니다. 알아차림은 여기 이 순간에 깨어 있는 겁니다. 보이고 들리고 느끼고 생각하는 것을 이 순간에 자각하는 것입니다. 그러면 마음이 고요하고 명료하고 행복합니다. 바로 우리가 찾고 있는 자신입니다. 여기 이 순간에 있으면 자신을 만나게 됩니다. 행복할 때를 생각해 보세요. 여기 이 순간에 마음을 열어서 행복하게 됩니다. 불행할 때를 생각해 보세요. 생각을 굴려서 불행합니다. 우리의 본성은 평화로운 알아차림입니다. 행복할 때 본성과 가까이 있는 겁니다. 평생 살아도 항상 놓치는 것이 자기입니다.

티베트 불교에서는 자기를 고요하고 명료한 마음이라고 합니다. 구체적으로 티베트 말로 쎌똥 sel-tong이라고 합니다. '쎌'은 명료하다는 말이고 '똥'은 공하다는 말입니다. 공하다는 것은 허공과 같다는 것을 의미합니다. 우리 자체가 허공처럼 걸림이 없고 자유롭고 무한하고 비어 있어요. 동시에 식이 있습니다. 보고 듣고 느낄 수 있습니다. 경험을 할 수 있다는 것이죠. 경험이 자기가 아니고 경험의 본질이 자기인데 본질을 놓치고 경험에 사로잡혀 삽니다.

우리가 영화를 볼 때는 스크린이 있기 때문에 영화를 볼 수 있습니다. 스크린을 자각하지 못하고 비치는 내용에 사로잡힙니다. 스크린은 참본성을 비유한 것입니다. 스크린이 있어서 영화를 볼 수 있는 것처럼 참본성이 있어서 경험할 수 있습니다. 스크린을 자각하면 자기를 만나게 됩니다. 모든 경험의 본질과 삶의 본질과 자신의 본질은 같습니다. 그것이 스크린 즉 고요하고 명료한 마음입니다. 내용은 변하지만 스크린은 변치 않는 것처럼 경험은 늘 달라지지만 참본성은 변함이 없어요. 모든 경험의 배경, 즉 참본성은 잘 보이지 않아요. 늘 놓치는 본질을 알아봐야 자기를 알게 됩니다. 본성은 때로는 비밀이라고 합니다. 눈썹보다 가깝지만 아무도 모르기 때문입니다. 그것을 어떻게 알 수 있을까요? 인도의 위대한 스승인 틸로빠는 "일체 붙잡는 게 없을 때 참본성이 저절로 드러난다."고 했습니다. 마음을 그서 쉴 때 고요하고 명료한 마음이 드러납니다.

그렇다면 마음을 어떻게 쉽니까? 몸을 쉬면 마음도 따라서 쉬어집니다. 몸은 어떻게 쉽니까? 긴장을 푸는 겁니다. 긴장을 풀면 따라서 생각도 쉬어집니다. 생각하고 있는 한 몸에 긴장이 있기 때문에 긴장을 풀면 생각도 풀립니다. 본성과 연결하는 키워드는 릴렉스입니다. 릴렉스하는 순간, 생각에서 놓여나고 마음이 여기 이 순간에 있습니다. 명상하고 있지 않지만 산란하지도 않습니다. 이게 자유로운 알아차림, 진정한 명상입니다.

티베트 요기들의 토굴 벽에는 '마엥', '마곰'이라는 두 글자가 적혀 있다고 합니다. '마엥'은 산란하지 않는 것이고 '마곰'은 명상하지 않는 것입니다. 대상 없이 그저 깨어 있는 겁니다. 보통 명상할 때는 호흡 같은 정해진 대상을 알아차립니다. 명상은 대상 있는 명상과 대상 없는 명상 두 가지로 나눌 수 있습니다. 대상 없는 명상은 티베트 불교의 보석이며, 쉼 명상, 자유로운 알아차림, 명상 아닌 명상이라고도 합니다. 이게 최고의 명상이며 참본성과 연결하는 비결입니다.

두 가지 방법으로 대상이 없는 명상을 할 수 있습니다.

첫 번째는 힘을 빼는 겁니다. 긴 하루 끝에 할 일을 다 했고 생각 없이 쉬는 것과 같습니다. 두 번째 방법은 생각에 빠져 있다가 생각에 빠져 있다는 것을 아는 순간을 인지하는 겁니다. 산란하다가도 알아차림이 돌아옵니다. 망상에서 깨어난 그 순간을 알아보기만 하면 됩니다. 생각에서 깨어나는 순간은 잠에서 깨듯이 여기 이 순간에 깨어 있습니다. 지난 생각에서 놓여났고, 다음 생각은 일어나지 않았고 그사이 공백에 머물고 있습니다. 생각 없는 깨어 있음이 참본성입니다. 이것을 경험할수록 더 자주 오래 경험하게 됩니다. 깨어나는 순간을 알아볼수록 이 순간에 더 오래 자주 머물 수 있게 됩니다.

## 가이드 명상

자기와 함께 하는 시간을 한번 가져 보겠습니다.

척추를 바르게 하고 몸의 긴장을 푸세요. 많이 피곤하시면 누우셔도 괜찮습니다. 깊이 천천히 들이마시고 자연스럽게 내쉬는 심호흡을 세 번 하세요. 우리의 마음이 많이 지쳤어요. 쓸데없는 생각을 굴려서 뇌도 피곤하고 몸도 마음도 피곤해요. 마음을 잠시 쉬어 볼게요. 몸도 마음도 편안하게 가지세요. 몸도 쉬고 마음도 쉬세요. 사실 몸을 쉬면 마음도 따라서 쉬게 됩니다. Just relax!

고된 일을 하고 나서 편안한 의자에 앉아서 쉬는 것과 다르지 않아요. 지친 마음을 잠시 쉬어 봐요. 아무것도 안 하는 것을 잠시 누려 보세요. 여기 이 순간에 그저 머물러 보세요. 특별히 할 것도, 하지 말아야 할 것도 없어요. 다만 마음을 편안하게 가지세요. 자신에게 친절하세요. 마음을 여유롭게 가질 때 망상이 저절로 가라앉고 평화롭고 고요한 참본성이 드러납니다. 아무것도 안할 때 그저 쉴 때 평화와 자유가 있어요. 이게 참된 자신입니다. 그저 쉴 뿐, 그저 알아볼 뿐입니다.

참본성은 머리로 이해할 수 없고 말로 표현할 수 없지만, 체험할 수 있습니다. 뭐라고 하기 어렵지만, 현존하는 느낌과 같아요. 뭐라고 하기 어렵지만, 순수한 사랑 같아요. 뭐라고 하기 어렵지만, 앎과 같아요. 뭐라고 하기 어렵지만, 고요하고 명료한 마음입니다.

릴렉스 하는 순간, 생각에서 놓여나고 마음이 깨어 있어요. 무엇이 보이거나 들리거나 느껴질 수 있어요. 생각과 감정이 보일 수 있어요. 오감을 온전히 열어 놓고 마음이 자유롭게 흐르는 대로 함께 합니다. 여기 이 순간에 일어나는 모든 것을 그대로 두고 지켜볼 뿐입니다. 보이면 보이는 대로 들리면 들리는 대로 생각도 감정도 그대로 둡니다. 대상에 집중하지 않지만 깨어있습니다. 여기 이 순간에 있어요.

평화는 어떤 것이나 어떤 곳이라고 할 수 없지만, 매 순간 우리와 함께합니다. 흙탕물을 휘젓지 않으면 물이 저절로 맑아지는 것처럼, 마음을 가만히 두면 저절로 맑아지고 이미 있는 평화가 드러납니다. 우리는 이미 자유롭고 행복합니다. 드러나게 할 뿐, 허용할 뿐입니다. 늘 있는 언제나 가능한 본성의 평화와 잠시 함께하세요. 본성의 고요함과 함께하세요. 앎과 함께하세요.

지극히 평범합니다. 지극히 단순합니다. 그래서 놓쳐요. 너무 가까워서 볼 수 없고, 너무 쉬워서 어렵고, 너무 미세해서 잡히지 않아요. 코 앞에 숨겨져 있어요. 내용을 보지 말고 본질을 보세요. 영화를 보지 말고 스크린을 자각하세요. 현상을 집착하지 말고 현상을 가능하게 한 본성을 보세요.

지금 현존함을 느끼잖아요? 깨어 있어요. 지금 명상을 하려고 하지 않지요. 그저 존재해요. 그저 깨어 있어요. 이게 참본성이에요. 평범하다고 너무 쉽다고 의심하지 말아요.

찾으려고 하면 찾을 수 없고, 보려고 하면 볼 수 없고, 알려고 하면 알 수 없어요. 찾으려는 마음을 놓을 때 찾게 되고, 알려는 마음을 놓을 때 알게 되고, 안 본 것이 잘 본 것입니다. 참본성은 늘 여기 있습니다. 마음을 열어 보세요. 모든 것을 버리고 그저 현존하세요.

드디어 자기가 자기를 알아봤어요. 생각으로 살지 말고 습관으로 살지 말고, 자기로 살아요. 고요하고 명료한 마음으로, 지혜와 자비로 살아요.

명상에서 일어나기 위해서 다시 한 번 숨을 깊이 천천히 들이마시고 자연스럽게 내쉬세요.

자기가 자기를 알아볼 때 주체와 객체가 무너집니다. 등불이 스스로 밝히는 것처럼 스스로 알고 빛납니다. 이것은 개념으로 이해할 수 없고 체험으로 알 수 있어요. 주체와 객체는 망상입니다. 주체와 객체와 행위 즉, 삼륜을 집착해서 무명과 고통이 있습니다. 삼륜을 벗어난 마음자리와 함께하는 것을 배워야 합니다. 자기로 살고 싶지 않으세요?

참본성 수행에 있어서 세 가지 필수 요소가 있어요. 죽음을 생각하는 출리심, 중생을 생각하는 보리심, 그리고 스승을 생각하는 신심<sup>구루요가</sup>입니다. 출리심에 기반 해 보리심의 동기와 스승의 가피로 참본성 수행을 할 수 있습니다. 출리심의 기반 없이는 수행이 무너지기 마련입니다. 보리심의 동기 없이는 수행의 힘이 약해요. 스승의 가피 없이는 참본성을 알아보기 어려워요.

출리심은 죽음을 아는 것입니다. 죽을 운명을 받아들이면 시간이 얼마 없다는 것을 알아 남은 인생을 의미 있게 보내고 싶은 마음이 생깁니다. 세속을 향한 관심이 수행과 해탈로 향하게 됩니다. 이게 수행의 기초 출리심입니다.

보리심은 중생의 은혜를 아는 것입니다. 마음의 힘이 약해서 많은 중생에게 도움이 되지 못합니다. 내가 먼저 본성을 자각해서 모든 중생도 훌륭한 본성을 알게 하겠다는 다짐이 보리심입니다. 보리심의 동기에 따라서 수행이 수월하고 장애가 없습니다.

스승의 은혜를 아는 것이 '구루요가'입니다. 티베트 불교에서는 구루요가가 수행의 핏줄이라고 합니다. 핵심적으로 구루요가는 깨우친 스승의 마음과 자신의 마음을 합일하는 것입니다. 스승의 가피로 참본성이 깨어납니다. 모든 사람이 놓치는 '자기', 잘 보이지 않는 '자기', 가장 그리운 '자기', 가장 도움이 되는 '자기'를 알고 가면 좋지 않을까요?

이제 자기를 알아보셨나요?

자기를 구할 사람은 자기밖에 없어요. 결국 남는 게 자기 마음뿐입니다. 부처님도 스승도 대신할 수 없어요. 자기가 스승이고 부처님입니다. 여러분 모두 내면의 부처님을 만나서 자기로 사시기 바랍니다.

# 05

## 일상에서의 응용 명상

시를 통한 마음 바라보기
행복과 지혜를 기르는 자애통찰명상
명상과 정신건강
마음챙김은 관계성에 대한 것입니다

# 시를 통한
# 마음 바라보기

### 윤재웅

현재 동국대학교 총장이다. 1991년 세계일보 신춘문예 문학평론으로 등단했다. 동국대학교 국어국문학과를 졸업했으며 동대학원에서 석·박사 학위를 받았다. 미당 서정주 시인에게 직접 수업을 받은 마지막 세대로, 동국대 국어교육과 교수로 재직하는 동안 '서정주 〈질마재 신화〉에 미친 〈삼국유사〉의 영향' '〈만해 한용운 한시 선역〉 주석에 대한 고찰' 등을 연구했다.

저서로 『유럽 인문 산책』 『서정주 시의 사계』와 시집 『어쩌라구』 등이 있으며, 『미당 서정주 전집』 편찬에 참여했다.

 * 2023 서울국제명상엑스포 '선지식·지성인과의 만남'의
**윤재웅**님 영상을 ▶ YouTube로 볼 수 있습니다.

저는 스무 살 때 시인이 되겠다는 꿈을 품고 동국대학교에 입학했습니다. 학교에 와 보니 문인들이 정말 많아요. 그중에서도 시인이 아주 많았습니다. 당시 동국대학교는 말 그대로 '시인 공화국'이었죠.

시를 잘 쓰는 스님들도 대단히 많습니다. 삼국시대 이래로 옛 스님들께서는 특히 시문을 잘 쓰시는 분들이 많았어요. 부처님 가르침의 경지를 언어로 표현하려다 보니 좀 더 압축된, '시'라는 형태로 선의 경지를 나타내는 전통이 있습니다. 선시禪詩의 전통이죠. 선과 명상, 혹은 부처님의 깨달음을 언어로 전하기란 어려운 일입니다. 오죽하면 이심전심, 교외별전이라는 말까지 있습니다. 부처님의 깨달음은 아무리 언어로 전하려 해도 언어 자체가 갖는 한계가 있습니다.

『도덕경』 제1장에 '도가도비상도道可道非常道 명가명비상명名可名非常名'이라는 표현이 있습니다.

'도道라는 개념을 도라는 언어로, 도라는 말로 표현하면 그 도라고 하는 것은 우리가 생각하는 항상 그러한 도가 아니다.'

언어라는 것은 임의적이기 때문에 끊임없이 변한다는 의미입니다. 그렇기에 부처님 가르침을 언어로 전하려면 쉽지가 않습니다. 말보다는 체험이기 때문이죠. 가부좌를 틀고 앉아서 깨달아야 합니다. 그래서 경經보다 선禪이 중요하다는 흐름이 생기는 겁니다. 대한불교조계종도 기본적으로 이러한 선적 전통을 갖고 있기 때문에 지금도 스님들이 동안거, 하안거 때 참선수행에 매진하고 있습니다. 물론 참선만으로 진리를 계속 전달하는 것도 어려우니 언어로 요약해서 전하는 전통도 일부 있었습니다.

사실 선이나 명상이 아무리 체험일지라도 그것에 대해 이야기하려면 말로 전하는 수밖에 없습니다. 그 중에서도 선의 경지나 명상의 깊은 경지를 좀 더 효과적으로 나타내는 언어가 있으니, 바로 시詩입니다. 과거 여러 선지식들이 선시禪詩를 통해 그 깊은 경지를 설했습니다. 우리가 직접 체험을 하지 않아도 선과 명상과 관련된 시를 읽으면, 그 경지를 이해하는 데 훨씬 도움이 된다는 겁니다. 시와 명상은 그런 점에서 관련이 깊습니다.

문학에서는 명상을 어떻게 바라볼까요? 제가 근래 출간한 『어쩌라구』라는 시집이 있습니다. 제목인 '어쩌라구'를 영어로 표현하면 'So What?' 혹은 'What can I do?' 정도가 되겠네요.

우리는 뭔가 철학적 난제에 부딪히거나 아포리아<sup>aporia, 해결하기 어려운 문제</sup>에 빠졌을 때, 막다른 절벽에 내몰렸을 때, 무엇을 어떻게 해야할지 고민합니다. "나는 무엇을 어떻게 할 수 있을까" "내가 직면하고 있는 문제의 해답은 과연 뭘까" 등. 이러한 질문들이 바로 '어쩌라구' 속에 함축되어 있는 거죠. 그런 점에서 저는 '어쩌라구'에 화두와 비슷한 기능이 있다고 생각합니다. '어쩌라구'를 조용히 읊조리다 보면 '아, 이것은 나의 문제이기도 하고, 우리 사회 전체의 문제이기도 하지만, 인류의 문제이기도 하며, 살아 있는 생명 전체의 문제이기도 하다'라는 생각을 하게 됩니다. 이 시집에는 제가 20대 문학청년이었던 시절의 파릇파릇한 감성도 있지만, 대부분 "부처님 가르침을 어떻게 전할 것인가."를 화두로 삼은 질문과 감탄, 아쉬움과 안타까움 등이 녹아 있습니다.

『법구경』에 '제악막작諸惡莫作이오, 중선봉행衆善奉行이라. 자정기의自淨其意하면 시제불교是諸佛敎라'라는 구절이 나옵니다. 경전에 불십선不十善이라고 열 가지 나쁜 일이 있는데, 그런 나쁜 짓은 하지 말라는 가르침이 바로 제악막작입니다. 그리고 중선봉행은 무리 중衆자에 착할 선善자, 받들 봉奉자에 행할 행行 자로, 착하다고 생각하는 일은 무엇이든 적극적으로 행하라는 의미입니다. 제악막작과 중선봉행은 공적 윤리죠. 사람들 사이에서 지켜야 할 사회적 윤리, 즉 도덕과 같은 거예요. 사람과 사람 간에는 제악막작, 중선봉행이 중요한 반면, 내가 홀로 명상을 할 때는 자정기의가 중요합니다. 자정기의는 나 자신을 찬찬히 관찰해서 내가 누군지 알고자 하는 노력입니다. 선가에서 "부모 미생 전의 본래 면목이 무엇인고?"하는 질문과 맥을 함께하지요.

나 자신을 관찰하다 보면 이 '나'라는 정체성은 개체적 독립성에 기인하는 게 아니라, 수많은 인연관계에 의해 생겨남을 알아차리게 됩니다. 제법諸法이 무아無我임을 깨닫게 되는 것이죠. 이 세상 모든 만물에는 어떤 절대적 자아 혹은 변치 않는 주체가 없다는 거예요. 영원불멸한 창조의 주체인 신도 없고 '나'라는 절대적 주체도 없습니다. 그저 모든 것들이 연기에 의해 만들어진 것일 뿐이죠. 혼자 고요히 앉아 그러한 자각에 도달하는 것이 자정기의 상태입니다. 이러한 깨달음을 마치 맑은 물과 같이 잔잔하고 투명하게 만들어 가는 것이 중요하다는 의미이며, 개인적인 윤리이자 실천 덕목입니다. 부처님 가르침은 이런 공적 윤리와 사적 윤리를 잘 조화시키는 것이라 하겠습니다.

불교가 뭘까요?『어쩌라구』시집에 팔만대장경에 관한 내용이 있어요. 이 팔만대장경의 글자가 5천2백만 자 정도 됩니다. 이렇게 많은 내용을 담고 있는 팔만대장경을 누가, 어느 세월에 다 읽을 수 있겠어요? '무소유' 가르침을 전한 법정스님이 젊은 날 해인사 홍류동 계곡 옆을 지나다가, 문득 지나가는 할머니에게 '팔만대장경이 있는 해인사 장경각으로 가려면 어디로 가야 됩니까?'하고 물었다고 해요. 그랬더니 '뭐라고예? 팔만대장경? 그 빨래판 말인교?'라는 답이 돌아왔다네요. 웃음이 나는 일화지요?

그 할머니는 팔만대장경 자체보다 물성을 더 가깝게 느낀 거예요. 목각으로 새긴 경판이니 표면이 우툴두툴하잖아요? 할머니 입장에서는 홍류동 계곡물에 두고 빨래나 치대면 딱 좋게 생긴 거죠. 경판에 담긴 내용은 관심 없고, "내가 그렇지 않아도 빨래판이 없었는데, 저거 갖다가 빨래 치댔으면 좋겠네."하고 생각하신 거지요. 할머니의 대답을 들은 법정스님은 큰 충격을 받으셨다고 해요. '우리나라 불교가 큰일 났구나. 빨리 대중화하지 않으면 안 되겠다.'라는 위기의식을 느끼며 불경의 우리말 번역이 필요함을 절실하게 인식했다고 합니다.

그런데 불교는 대중적이고 직관적인 언어로 그 진리를 표현하기가 참 쉽지 않습니다. 이웃종교와 비교해 보면 개신교는 "원수를 사랑하라.", 이슬람은 "이 세상 유일신은 오직 알라 뿐." 간단한 문장으로 표현이 되죠. 만약 한 문장으로 불교를 정의한다고 보면 어떤 구절이 있을까요? 제행무상諸行無常, 제법무아諸法無我, 일체개고一切皆苦, 열반적정涅槃寂靜? 한 구절 선택하기도 쉽지 않지요?

그나마 부처님의 말씀을 대중들이 좀 더 쉽게 받아들일 수 있도록 사행시로 표현해 놓은 경전이 『법구경』입니다. 그 『법구경』을 살펴보니 여러 경구 중에서도 '제악막작이요 중선봉행이라. 자정기의하면 시제불교라.'는 문장이 불교를 가장 잘 정의한 것이 아닐까 생각해 봤습니다. 여기서 시제불교는 "이것이 제불교諸佛敎, 즉 여러 부처님의 가르침이다."라는 뜻입니다.

  석가모니 부처님만 부처님이 아니죠. 석가모니 부처님 이전에 여섯 분의 부처님이 계셨습니다. 깨달으신 분이 이미 여섯 분 계셨고 마지막 부처님인 고타마 싯다르타까지 모두 일곱 분의 부처님이 나투신 겁니다. 그 모든 부처님께서 한결같이 하시는 말씀이 '제악막작 중선봉행, 자정기의 시제불교' 즉, 칠불통게七佛通偈입니다. 불교의 가르침 중에서도 핵심 중의 핵심이죠.

  팔만대장경에 담긴 가르침도 시 한 편으로 줄일 수 있고, 나아가 한 구절로 압축할 수 있다면 그 한 구절은 바로 '중선봉행'이라는 것이 저의 결론입니다.

  시집 『이쩌라구』에 '팔만대장경 오천만 글자를 다섯 자로 줄여보니'라는 제목의 시가 있어요. 시의 내용은 '착하게 살자' 한 줄입니다. 선禪이든, 교敎든, 부처님 가르침을 유치원 학생들도 알아듣기 쉽게 정리해보니 '착하게 살자.' 이 한마디면 되더라고요. 중선봉행의 번역인거죠.

  이렇듯 시는 기본적으로 언어를 압축하는 기능이 있어요. 말의 의미를 함축하는 특성이 있죠. 그렇기 때문에 짧은 문장으로 핵심을 관통할 때 시가 적합한 기능을 가집니다. 부처님 가르침을 대중에게 전할 때 굳이 팔만사천법문의 5천만 자까지는 필요하지 않다는 거죠.

  「나무 싯다르타」라는 제목의 시를 소개하겠습니다.

나무 싯다르타.

무우수無憂樹 나무 아래서 나고
보리수菩提樹 나무 아래서 깨달아
사라수裟羅樹 나무 아래서 돌아갔네.

그는 나무의 아들

발을 뻗고 팔을 펼쳐
땅과 하늘을 이었네.

세상 모든
나무들처럼…

무우수 보리수 사라수

더운 마음바람 불면
그늘 드리우는
수수수 소리

수수수… 수수수…
시원하고 또 시원하리.
저 그늘의 하늘

부처님의 일대기를 나무에 비추어 해석한 시입니다. 나무는 생태적으로 땅에 뿌리를 두고 하늘의 정기를 받으며 자라납니다. 수직으로 곧게 하늘을 향해서 올라가려고 하는 특성이 있지요. 그러니까 천天과 지地는 서로 떨어져 있는 게 아니라, 나무라는 생명체를 통해 이어져 있습니다. 나무는 사람으로 말하자면 신경계, 네트워킹 같은 기능을 하죠. 이 세상의 모든 것들이 다 이어져 있다는 진리를, 나무를 통해 단순한 기호로 표현했습니다.

나무는 그야말로 세상 모든 것이 연기로 이뤄져 있음을 드러내고 있습니다. 나무는 햇빛을 받아 광합성을 하고 땅으로부터 영양소와 물을 끌어당기죠. 위로는 햇빛을 끌어들이고, 햇빛과 영양소와 물을 결합한 결과로 이산화탄소를 산소로 바꿉니다. 산소는 모든 포유류에게 없어서는 안 될 요소이니, 인간과 동물들의 입장에서 보면 나무가 곧 보살 그 자체인 것이죠.

석가무니 부처님은 나무와 인연이 많습니다. 어머니 마야부인이 나무를 잡고 부처님을 출산했죠. 그 나무의 이름이 아소카, 한문으로 번역하면 무우수無憂樹 나무입니다. 무우수, 근심 걱정이 없다는 의미죠. 장차 붓다가 되는 이 아기는 '천상천하天上天下 유아독존唯我獨尊, 삼계개고三界皆苦 아당안지我當安之.'를 선언합니다. 세상의 모든 괴로움, 중생의 고통을 마땅히 다 해결해 주리라는 포부죠.

석가모니 부처님은 29세에 출가해 6년 동안 고행을 하다가 나무 밑에 앉아 깨달음을 얻었습니다. 그 나무의 이름은 삐빨라, 한자로는 필파라수라고 합니다. 바로 보리수입니다. 한자로 보리菩提는 '깨닫는다'는 의미입니다. 즉 깨달음에 이르게 한 나무라고 해서 보리수가 된 거예요.

마지막으로는 사라쌍수가 등장합니다. "두 그루의 사라수가 있는데, 침대를 걸쳐서 나를 눕혀다오. 아난다야, 내가 너무 피곤하구나. 이제 내가 열반에 들어야 되겠다. 저 자리에서 내가 열반에 이르도록 나를 도와다오." 그렇게 부처님은 사라수 두 그루에 의지한 채 열반에 들었습니다. 살펴보니 부처님의 탄생과 깨달음과 죽음은 모두 나무와 관계가 있어요. 이 나무라는 속성에서 이 세계와 저 세계, 위와 아래, 하늘과 땅을 연결하는 특성을 확인할 수 있죠. 동시에 나무는 비와 더위로부터 뭇생명을 보호하고 쉬게 해줘요. 여기서 비와 더위는 우리의 마음속에 있는 번뇌나 욕망, 탐·진·치 삼독三毒의 또 다른 표현이기도 합니다. 내 마음 속 여러 고뇌들이 물상의 형태로 나타나는 거죠. 사람도 욕망으로 끓어 넘치지요. 그래서 때로는 끓고 있는 마음을 시원하게 바꾸어야 합니다. 나쁜 마음, 독한 마음, 어리석은 마음을 갖지 않도록 계속 누그러뜨려야 해요.

누그러뜨리는 것이 앞서 설명한 자정기의죠. 혼자 고요히 명상을 통해서 마음을 가라앉히는 것. 만파식적은 고통의 바다에 끓어오르는 파도를 잠재우는 비유적 표현입니다. 만파식적은 질병과 전염병, 외적을 물리치는 신라시대의 보물이라기보다, 본질적으로 인간 마음속의 번뇌를 가라앉히는 피리소리를 의미합니다. 즉 음악 치유라는 것이죠.

다음으로 나무는 인간 마음의 번뇌와 욕망을 식혀주는 그늘을 갖고 있다고 했지요. 명상도 우리의 들끓는 마음을 잠잠하게 가라앉혀 주는 특성이 있어요. 그래서 명상을 하고 명상에 관한 시 이야기를 하고, 명상음악을 듣는 것도 부처님 가르침에 가까이 가는 노력이라고 생각합니다.

불교에 육바라밀이 있듯이 의사소통에도 6단계가 있습니다. 처음에는 모든 의사소통에 기본적으로 격차가 있죠. 서로간의 차이가 있다는 사실을 확인하는 것이 1단계입니다. 다음으로 지식이나 정보를 공유하는 2단계입니다. "네가 한 말의 뜻이 이거였니?" 하면서 정보를 공유하고 확인하는 과정이 있어야 합니다. 세 번째로는 공감 형성입니다. 소통을 위해서는 나와 다른 사람의 차이점 및 공통점을 찾으면서 공감대를 형성하는 과정이 무엇보다 중요해요. 그 다음에 더 높은 차원의 감동이 생기면 더할 나위 없이 좋아요. 감동은 의사소통의 4단계입니다. 공감은 곧 이해가 일치하는 단계예요. 감동의 단계는 페이소스가 작동하는 것이죠. 로고스만 작동하는 게 아니라, 우리 감정에도 뭔가 변화가 일어나는 단계입니다. 좋은 음악 들으면 기분 좋고, 좋은 문학을 읽었을 때 감동을 받잖아요. 아름다운 그림을 볼 때도 우리는 즐겁고 행복하죠. 사람과 사람이 의사소통할 때도 그런 감동의 수준에 오르는 경우가 있어요.

다음으로 5단계는 감접입니다. 접촉한다$^{contact}$의 의미예요. 이것은 귀신 세계, 저승 세계, 사람이 아닌 다른 생명체들, 나무, 풀, 바람, 하늘 이런 외계의 모든 사물과의 소통입니다. 대체로 예술적인 재능 혹은 종교적이고 영적 능력이 탁월한 사람들에게 이런 감접 능력이 생겨요. 사람과 사람 간의 소통을 넘어서 외물이나 외계와의 소통이죠. 마지막으로 6단계는 감화입니다. 감화는 같이 있는 사람들의 단계를 올려주는 거예요. 다시 태어나게 도와주는 거죠. 영적으로 감동하면 다이돌핀이 많이 나오는데 엔도르핀의

약 40배라고 합니다. 엔도르핀은 사람이 즐거울 때 나오는 기쁨의 호르몬이고 장수의 호르몬으로 알려져 있어요. 다이돌핀은 그것의 40배나 강하다고 합니다. 절에 다니는 분들이 기도하다가 갑자기 관세음보살님을 봤다든지, 부처님이 와서 손을 잡아주는 느낌이 들거나 온몸이 불처럼 뜨거워진다는 등의 경험을 통해서 점차 붓다와 가까운 단계로 올라가는 거예요. 이것을 감화라고 합니다. 6단계는 서로 간의 격차를 확인하고, 공유하기 위해 노력하고, 공감을 형성하고, 감동을 교환하고, 감접을 체험하고, 이웃을 감화시키는 거예요. 다른 이를 감화시킨다는 것은 곧 보살이고, 보살행이지요.

석가모니 부처님은 전생에 500회 이상 윤회하신 후 깨달음을 얻었습니다. 매 생애마다 보살행을 실천했죠. 심지어 배고픈 호랑이를 위해 스스로 몸을 보시하여 먹이가 되기도 했습니다. 먼저 베풀고 실천하는 것이 중요해요. 깨닫고 나서 부처님 법을 전하고 보살행을 실천하겠다는 생각은 맞지 않다고 봅니다.

우리가 명상을 하는 이유는 편안하고 행복해지기 위해서죠. 그러나 명상을 해서 내가 단박에 부처가 되고 행복해져야지 하는 것은 지나친 욕심입니다. 개인 수행의 차원에서 더 나아가 우리는 이웃과 더불어 행복해야 하지요. 베푸는 마음을 가져야 하고 그것을 실천하는 것이 중요합니다. 부처님 가르침의 핵심은 '착하게 사는 것'입니다. 이러한 공적 윤리의 바탕을 닦은 후에 자신의 몸과 마음을 닦아나가야 합니다. 중선봉행. 착하게 살아라. 그것이야말로 부처님의 참된 가르침이라고 생각합니다. 좋은 삶이란 이웃을 위한 삶임을 잊지 마시길 바랍니다.

# 행복과 지혜를 기르는
# 자애통찰명상

### 김재성

자애통찰명상원 대표이자 한국명상지도자협회 이사다. 서울대학교 철학과와 일본 동경대학교대학원 인도철학불교학과에서 초기불교 및 부파불교 수행론을 전공한 후, 능인대학원대학교 명상심리학과 교수로 활동하면서 불교심리학과 명상에 대한 연구와 실천, 지도를 이어가고 있다.
저서로 『불교의 이해』(공저), 『붓다와 함께하는 초기불교 산책』 등이 있다.

 * 2023 서울국제명상엑스포 '선지식·지성인과의 만남'의
김재성님 영상을 ▶YouTube로 볼 수 있습니다.

"어떻게 하면 일상에서 꾸준히 명상을 지속할 수 있을까요?", "생활 속 명상은 어떻게 하면 좋은가요?" 제가 정말 많이 받아 온 질문입니다. 명상에 관심이 있지만 워낙 일상이 바쁜 현대인들이 공통적으로 가지고 있는 고민이기도 하죠. 그럴 때 저는 "하루에 다섯 번만 하세요."라고 합니다. 잊지 말고 반드시 꾸준히. 그리고 또 한 가지, 자애통찰명상을 소개합니다. 자애통찰명상은 딱히 특별한 것이 없습니다. 간단하게 자비심을 기르는 자애명상, 그리고 통찰지혜를 기르는 위빠사나 명상을 결합한 것입니다. 두 가지 모두 명상에 관심이 있는 분들이라면 이미 접해보셨을 만큼 알려진 수행법이죠. 다만 명상에서 가장 중요한 지속성을 위해 일상생활 속에서도 꾸준히 지속할 수 있도록 했습니다. 명상은 짧게 해도 좋지만 꾸준히, 오래 할수록 더 효과가 있기 때문이죠.

제가 명상을 공부하고 실천해 온 지도 30여년입니다. 지금도 여전히 명상을 하고 열심히 공부하고 있죠. 그 과정에서 부처님 가르침의 핵심은 '자비'와 '지혜'라는 나름의 확신도 얻었습니다. 자연스럽게 자비와 지혜를 함께 실천할 수 있는 방법에 대해 고민을 해왔지요. 자애통찰명상 프로그램은 이러한 고민의 결과물이라고 할 수 있습니다.

하루에 다섯 번 명상하는 방법도 아주 간단합니다. 여러분이 매일 아침 잠자리에서 눈 뜰 때부터 시작하면 됩니다. 마음속으로 '내가 행복하기를', '모든 존재들이 행복하기를'이라고 자애의 문구로 기원의 마음을 일으키는 겁니다. 바로 자애명상이죠. 눈을 뜨면서 자애의 문구가 떠오르기 위해서는 깨어있는 동안에도 자애명상을 해야 합니다. 다음에는 아침식사를 할 때입니다. 식사 전이나 먹는 중에, 또는 식사 후, 언제라도 좋습니다. '내가 행복하기를', '모든 중생들이 행복하기를'. 이렇게 마음속으로 명상을 하는데 10초도 걸리지 않을 거예요. 그리고 점심을 먹을 때, 저녁 먹을 때 한 번 더 자애문구를 외우며 자애심을 일으킵니다. 그리고 취침하기 전 마지막으로 자애문구를 마음으로 외우면서 잠자리에 듭니다. 그러면 다섯 번이죠. 하루에 짧은 시간이지만 다섯 번 자애명상을 한 겁니다.

무슬림들은 하루에 다섯 번 메카를 향해서 절을 한다고 하지요. 우리는 이렇게 하루 다섯 번, 짧게라도 나와 모든 중생들의 행복을 위한 마음을 일으켜보는 겁니다. 여러분, 아무리 바빠도 밥 먹는 일은 잊지 않지요? 길고 짧은 차이는 있겠지만 수면도 취하실 겁니다. 내 몸을 위한 시간에 짧게나마 자애명상을 하면서 자애의 마음을 일으켜 보세요.

하루의 시작과 끝에서 자애명상을 할 때는 좀 더 노력이 필요합니다. 잠이 들기 전 자애명상을 제대로 하면 일어날 때도 바로 명상을 할 수 있습니다. 조금씩 습관이 되면 일상생활 중에도 얼마든지 명상을 이어갈 수 있습니다. 운전하면서도 할 수 있고, 걸으면서도 할 수 있고, 사람하고 얘기를 들으면서도 할 수 있어요.

자애심이란 누가 행복하기를 바라는 마음입니다. 자애의 마음을 일으킨 다음에 내 마음을 돌이켜보고, 이 순간 내 마음이 어떤 상태인지를 알아차리면 그것이 곧 통찰명상이 됩니다. 지속적으로 이어지기 위해서는 꾸준한 훈련이 필요합니다.

자애명상은 집중명상입니다. 누군가가 행복하기를 바라면서 대상에 집중합니다. 누군가를 향해 집중해서 좋은 마음, 선의를 일으키는 것입니다. 집중명상에는 무려 40가지 주제가 있습니다. 인간의 성향과 내적 문제가 워낙 다양하기 때문이죠. 그렇게 보면 40가지도 그렇게 많지는 않아요. 40가지 주제 가운데 하나를 선택하고 그 대상에 주의를 집중하는 명상법을 실천하다 보면, 문제의 요인들을 가라앉히고 안정시켜 줍니다. 그중 하나가 자비심 또는 자비희사慈悲喜捨의 사무량심, 사범주四梵住입니다. 사무량심은 분노, 잔인함, 불쾌질투, 대립심을 극복하게 해줍니다.

통찰관찰명상은 통찰을 개발하는 명상입니다. 몸과 마음을 있는 그대로 알아차리고, 잊지 않으면서 거듭 관찰하는 명상이죠. 지금 앉아 있다면, '내가 이렇게 앉아 있구나.'라고 자각하는 것입니다. 어렵지 않아요. 다만 이 자각이 쭉 이어지려면 수련이 필요합니다.

이와 관련해 제가 좋아하는 비유는 등산입니다. 누구나 산에 올라가는 것은 어렵지 않습니다. 동네에 작은 산이 있으면 언제라도 올라갈 수 있습니다. 근데 조금 높은 산, 조금 험한 산에 올라가려면 훈련을 해야 합니다. 다리의 근육도 키우고, 유산소 운동도 하고, 등산화도 적절한 것을 신고, 일정도 잘 잡고, 자기 몸 상태도 잘 살펴본 후에 등산을 시작해야 합니다.

유독 높고 험한 산, 예를 들어 설악산이나 지리산을 정상까지 올라간다고 하면, 준비를 좀 더 해야 됩니다. 평상시 뒷산 올라가듯이 등산했다가는 자칫 위험할 수 있습니다. 이러한 위험을 잘 인지하고 준비해야 성공적으로 등산을 마칠 수 있을 것입니다.

마찬가지로 걷는 것도 어렵지 않습니다. 다만 걷기명상을 하려면 방법에 따라 수련을 해야 합니다. 매 순간순간 내 몸과 마음에서 일어나는 경험들을 일어나는 순간 마음챙겨 알아차리는 훈련입니다. 어렵지는 않지만 제대로 하려면 바른 방법을 배워야 하고 꾸준히 수련을 해야 합니다.

저는 1991년 여름, 미얀마에서 우 빤디따[1921~2016] 스님께 위빠사나 수행법을 배웠습니다. 그때 스님이 가장 강조하신 것은 "몸과 마음에서 일어나는 모든 현상들을 관찰하라."는 것입니다. 이것이 제게 개인적으로 가르쳐주신 위빠사나 수행법의 전부였습니다. 수행을 해보니 여러 가지 경험들이 일어나고 있음을 알 수 있었습니다. 어떤 경험에는 매료되고, 어떤 경험은 싫어하고, 여러 가지 경험들과 옥신각신하면서 한 달 정도 열심히 매진하고 나니 수행에 감이 조금 잡혔습니다. 순간순간 내 몸과 마음에서 일어나는 이 경험들은 바로 나라고 생각하는 경험들입니다. 그렇지만 어느 하나도 머물러 있지 않고 모두 흘러갑니다. 이를 불교에서 무상이라고 합니다. 무상한 것을 붙들려고 하면 괴롭습니다. 변하는 것은 결코 붙들리지 않기 때문이죠. 떠나가는 사람을 잡으려고 하면 더 괴로운 것과 같습니다.

이 몸과 마음에서 일어나는 경험들은 나도 아니고 나의 것도 아니고 나의 영혼도 아닙니다. 이렇게 머리로는 이해할 수 있지만, 직접 경험으로 꿰뚫어 이해하기 위해서는 수련이 필요합니다. 개념적으로 무아와 괴로움, 무상함의 의미는 공부를 하면 쉽게 알 수 있습니다. 그런데 위빠사나 명상을 하면 그 자체를 직접 꿰뚫고 이해하게 됩니다. 머리로 이해하는 것과는 다릅니다. 머리로 이해한 것은 상황에 따라 잊어버려요. 그런데 자기가 직접 관찰을 통해서 꿰뚫은 이해는 언제라도 작동합니다. 때로는 화가 나고, 때로는 욕심이 나도 '아, 이 마음도 흘러가는 것일 뿐'이라고 바라볼 수 있게 됩니다. 그리고 내가 무엇에 집착하고 무엇 때문에 화가 나는지를 바로 알 수 있게 돼요. 그러면 비로소 그러한 감정들에 휩쓸리지 않게 됩니다.

고요함을 개발하면 마음이 안정되고 평화로워집니다. 편안하고 행복해지지요. 그리고 통찰을 개발하면 지혜로워지고 자유로워집니다. 그래서 자애통찰명상은 행복과 지혜를 가꾸는 명상입니다. 집중명상과 통찰명상 중에서 어떤 것을 먼저 해도 괜찮습니다. 어떤 것을 더 집중적으로 해도 괜찮아요. 결국 서로 만나게 되어 있기 때문입니다.

불교에서 말하는 선정과 지혜, 사마타와 위빠사나, 고요함과 통찰은 어떤 형태로든 결합하게 됩니다. 강하든 약하든 결합이 되어야만 깨달음에 가까이 갈 수 있어요. 불교의 모든 수행은 고요함과 통찰을 개발해서 궁극적으로는 열반으로 가는 길입니다. 열반은 괴로움의 소멸이고 괴로움의 소멸은 바로 이 생에서 내 마음의 수련을 통해서 직접 경험할 수 있습니다. 불교명상의 마지막 종착점은 궁극적 행복인 열반이고, 완전한 자유인 해탈입니다. 내가 아직 자유롭지 못하고 행복하지 못하면 뭔가 더 닦아야 할 것이 남아있는 겁니다. 마음속에 남아있는 번뇌들이 있으면 자유롭지 못하고 마음이 안정되지 못해서 불행하고 불편해 집니다. 탐욕과 분노, 무지가 마음의 바탕에 있다는 것이죠. 결국 탐진치를 내려놓고 제거하는 그 모든 노력이 바로 불교의 수행이고 명상입니다. 있는 그대로 충분히 행복하면 명상을 할 필요를 느끼지 못할 겁니다. 그냥 행복하게 살면 되지요.

지금으로부터 20년 전 즈음의 일입니다. 다른 수련 단체에서 오랜 시간 수행하신 분이 4박 5일의 집중수련에 참여한 적이 있어요. 그분은 그 수련 단체에서 가르치는 모든 단계를 다 마스터해서 더 배울 것이 없을 정도였는데도, 정작 본인은 여전히 편하지 않았대요. 그래서 위빠사나 수행을 배워보고 싶어 찾아왔다고 했습니다.

현재의 상태를 물었더니 "마음에 감정이 없다."고 해요. 감정을 없애는 훈련, 자기의 모든 것을 마음속으로 폭파시키는 훈련을 했다고 합니다. 우선 걸으면서, 또 좌선하면서 하나하나 관찰하라고 했습니다. 그런데 수행 경험이 전혀 없는 사람들보다 훨씬 더 어려움을 느끼는 모습이었죠. 실제가 아닌 마음속에서 자신을 폭파시키는 훈련이지만 그 상처와 후유증이 남은 겁니다. 마음의 작동 기능들이 마비돼 버렸다고 볼 수 있어요.

비유하자면 등산을 가서 어느 정도 산을 오르다가 골짜기에 가만히 멈춰있는 겁니다. 다시 길을 가야 하는데도 말이지요. 길을 잘못 들면 고생을 많이 합니다. 사실 고생도 여정 중 하나이긴 하지만요. 석가모니 부처님도 마찬가지였지요. 처음 출가해서 알라라 칼라마, 웃따까 라마뿟따라는 두 스승으로부터 수행을 배워 고도의 정신적인 집중을 이룹니다. 무소유처정과, 비상비비상처정이라는 무색계 중에 마지막 두 단계를 경험하죠. 경험할 때는 편안합니다. 삼매에 들었으니까요. 그런데 수행이 멈추면 다시 마음이 불편해지는 겁니다. 이에 부처님은 사마타만 개발해서 도달한 경지이므로, 삼매에서 나오면 다시 불편해진다는 것을 스스로 확인합니다. 내가 찾는 경지가 아님을 알고 나서 두 스승을 떠납니다. 두 스승은 그것이 궁극의 목적이라고 생각해 계속 거기에 머물러 있었던 것이죠.

부처님이 스승들을 배반한 것은 아닙니다. 배우고자 하는 것을 다 배웠으니, 한 단계 더 나아가고자 했던 것이죠. 그리고 시작한 게 고행입니다. 당시 유행하던 고행을 6년간 죽도록 합니다. 고행 역시 성과를 가져오지 못했습니다. 부처님은 고행을 통해서 깨닫지 않았습니다. 그래서 고행은 하지 말라고 하셨죠. 단식하지 말고, 적당하게 음식을 섭취하며, 자연스레 숨을 쉬고, 적당히 자고, 힘을 내서 정진하라고 말씀하셨습니다.

처음 설하신 『초전법륜경』의 핵심은 여덟 가지 바른 길, 즉 팔정도입니다. 팔정도 중에서도 고요함의 개발은 바른 정진노력, 바른 마음챙김, 바른 삼매 세 가지가 결합되어 있습니다. 정견은 통찰의 개발입니다. 불교 수행은 고요함과 통찰, 삼매와 지혜, 선정과 지혜라고 말하지만, 불교 수행의 핵심은 팔정도를 함께 닦는 것입니다.

우리는 삼매와 통찰 두 가지를 닦기 전에 일상에서 도덕적인 규범을 지키고 살아야 합니다. 이것이 오계입니다. 살생과 도둑질, 잘못된 성행위, 거짓말, 음주를 삼가야 하지요. 오계를 지키는 가운데, 삼매와 지혜를 닦아야 합니다. 이것은 도덕적으로 사람의 언행을 옭아매는 것이 아니라 나와 남을 보호하는 일입니다. 윤리적으로 살 때 비로소 나와 남에게 피해를 주지 않으며, 삶을 유익하게 해줍니다.

자비는 불교에서 말하는 황금률입니다. 누구나 자기가 가장 소중하죠. 적어도 생명으로 태어난 존재들은 다 그렇습니다. 심지어 개구리, 모기, 뱀, 심지어 미물조차 자신이 가장 소중한 존재입니다. 그래서 자기가 소중하면 남을 해치지 말라고 부처님은 가르친 것입니다. 어떤 생명이라도 죽이지 말라. 먹는 것도 직간접적으로 죽여서 먹지 말라고 합니다. 고기가 먹고 싶으면 살아 있는 게 아니라 죽어 있는 걸 사서 먹으면 됩니다.

내가 소중한 만큼 남들을 소중하게 생각하면서, 나와 남에게 똑같이 평등하게 행복하기를 바라는 마음이 자애심입니다. 고통이 없기를 바라는 마음은 연민심입니다. 둘을 합치면 자비심이지요.

자비심은 비단 불교에만 국한되는 가르침은 아닙니다. 불교의 황금률이자, 공자의 황금률이기도 합니다. "기소불욕이면 물시어인이라, 내가 원치 않으면 남에게 하지 말라" 똑같은 말이 성경에도 있어요. "내가 대접받기를 원하는 대로 남을 대접하라." 기본 정신은 같습니다. 기본적으로 인류가 스스로 다른 존재하고 적어도 인간들끼리 함께 공존하기 위해서 발견한 도덕률이기 때문이지요. 나와 남의 이익과 행복을 바라는 마음, 나와 남이 힘들고 괴로운 상황에서 벗어나기를 바라는 마음 이것이 자비심입니다.

자애명상은 용서로 시작합니다. 그리고 나 자신을 향해 명상하고, 네 단계로 한정된 대상을 향해서 명상하고, 그 다음에 모든 존재를 향해 명상을 합니다. "원수를 사랑하라"고 하지만 쉽지 않죠. 원한 맺힌 사람인데 내가 기도를 하면 그를 사랑하게 될까요? 안 되는 게 인지상정이에요. 자애심을 쉽게 일으킬 수 있는 대상에 대해 먼저 자애심을 길러야 합니다. 우선 존경하는 분, 고마운 분을 대상으로 자애심을 기르고, 사랑하는 사람에게 기르고, 그 다음에 나하고 아무 관계없는 사람을 대상으로 자애심을 기릅니다. 그리고 마지막에 싫거나 미운 사람을 대상으로 자애심을 길러야 됩니다. 운동을 할 때 순차적으로 훈련을 해서 기량과 역량을 향상시킨 다음에 강한 상대와 시합을 하는 것과 마찬가지입니다.

그러면 자애명상의 역량은 무엇으로 판단할까요? 바로 내적인 행복감입니다. 명상을 하면 행복해집니다. 그 행복감이 점점 충만해지면 나한테 상처 준 사람을 떠올려도 덜 불편하고 괜찮게 됩니다. '당신도 오죽하면 그랬을까?' 이런 마음으로 그 사람을 이해하고 받아줄 수 있는 여유가 생길 때, 그때 비로소 싫거나 미운 사람을 대상으로 자애명상을 하는 겁니다.

모든 존재에 대해서는 항상 자애명상을 하고 있어야 합니다. 하루 다섯 번, 즉 하루를 시작할 때, 세끼 식사를 할 때, 밤에 잠자리에 들 때입니다. '내가 행복하기를', '모든 존재들이 행복하기를' 꾸준히 실천해 보세요. 잘 안 되면 녹음을 해서 다음날 아침을 여는 알람으로 사용해 보는 것도 좋습니다.

부처님은 자애명상을 순서대로 가르쳐 주셨어요. 자기 자신은 본보기로 먼저 자애명상을 합니다. 한정된 대상에 대해서는 주의 깊게 천천히 자애의 마음이 잘 일어나는 대상에서 시작해서 원한 맺힌 사람에게까지 해 나갑니다. 모든 존재에 대한 자애명상은 늘 합니다. 걸으면서 눈앞에 보이는 모든 사람들, 운전할 때 내 앞에 운전하는 모든 운전자들, 차 안에 타고 있는 사람들을 향해 자애의 마음을 계속 일으키는 연습을 하면 됩니다. 그러면 이 자애의 마음이 나를 고귀하게 만들어 줍니다.

『앙굿따라니까야』「자애경」(AN 11:16)에 보면 자애명상을 할 때 다음 11가지 효과가 있다고 합니다.

1. 편히 잠든다.
2. 편히 잠에서 깨어난다.
3. 악몽에 시달리지 않는다.
4. 사람들이 사랑하게 된다.
5. 사람 아닌 천신들과 동물들이 사랑하게 된다.
6. 천신들이 보호한다.
7. 독극물, 무기, 불 등의 외적인 위험에 의해 해를 받지 않는다.
8. 용모가 단정해진다.
9. 마음이 집중된다.
10. 죽을 때 혼란되지 않는다.
11. 죽은 후 범천梵天에 태어난다.

한 가지가 빠졌죠. 열반에 들어가는 것은 없습니다. 열반에 들어가려면 위빠사나, 통찰명상을 해야 합니다.

위빠사나, 통찰명상을 살펴보겠습니다.

위빠사나는 지금 이 몸과 마음의 경험을 있는 그대로 보는 것입니다. 경험에 대한 명칭을 사용하는 이유는 대상을 놓치지 않기 위함입니다. 몸과 마음의 구체적인 경험들을 보는 것, 그래서 그 경험들이 조건 지어져 있음을 보고, 나아가 무상, 고, 무아임을 명료하게 볼 때까지 반복적으로 관찰하는 겁니다. 현재의 몸과 마음의 모든 경험을 있는 그대로 마음 챙겨 알아차리고 관찰하는 것이 바로 위빠사나 명상입니다. 위빠사나 명상에는 네 가지 대상인 신수심법身受心法이 있는데, 그 핵심은 몸과 마음입니다.

이렇게 자애명상과 위빠사나 명상을 꾸준히 실천해 보세요. 아무리 좋은 명상법도 직접 행하지 않으면 변화를 만들지 못합니다. 명상에서 가장 중요한 것은 지속적인 실천임을 잊지 말고, 매일매일 명상하며 행복하고 지혜로운 마음으로 자유롭게 살아가는 하루하루를 쌓아가길 바랍니다.

## 자애통찰명상 방법

먼저 허리를 쭉 펴세요. 눈을 감으셔도 좋고 눈을 뜨셔도 좋습니다. 명상에 들어가는 방법은 많지만, 기본적으로 내 몸의 현재 자세에 주의를 기울이는 것에서 시작하는 것이 좋습니다. 지금 앉아 있을 때는 앉아 있는 자세를 그대로 알아차립니다. 정수리에서 발끝까지 내 몸이 이렇게 앉아 있음을 알아차리세요. 앉아 있는 자세 그대로에 주의를 가져가서 자세를 편하게 하고 그 자세를 그대로 알아차립니다. 좀 더 마음의 안정이 필요하다고 생각되면 호흡명상을 권합니다.

호흡명상은 모든 명상의 기초인 동시에, 그 자체만으로도 충분히 삼매를 이뤄 지혜의 토대가 되기도 합니다. 코끝에서 숨이 들어가고 나가는 것을 수를 세면서 집중하는 수식관數息觀, 들숨 날숨 하면서 집중하는 수식관隨息觀이든 상관없습니다. 하나부터 여덟까지 세는 호흡을 알아차리면서 호흡명상을 해보세요. 들이마시고 내쉬면서 자연스럽게 내쉬는 숨에 하나, 둘, … 여덟까지 딱 한 번만 해보십시오.

호흡명상에서 수를 셀 때는 팔정도를 수련한다는 마음으로 하나부터 여덟 또는 다섯 이상 열 이하를 셉니다. 흐트러뜨리지 않고 30분, 혹은 1시간 동안 지속할 수 있는 집중력이 생길 때까지 하는 것이 좋습니다. 호흡명상으로 마음이 좀 가라앉으면 그 다음에 자애명상을 연습하고 통찰명상까지 이어가면 좋습니다.

자애명상의 시작은 "내 자신이 행복하고 평화롭기를. 안전하고 자유롭기를. 괴로움과 슬픔에서 벗어나기를."이라는 자신을 향한 자애명상의 문구를 사용합니다. 나를 향해서 짧으면 2분 길면 10분까지 이 자애의 문구의 의미를 음미하면서 반복적으로 떠올립니다. 일상에서 자주 하셔도 좋습니다. 다음에는 한정된 대상을 향해 여러분들이 존경하는 분, 살아있는 분 가운데서 한 분을 선택해서 한번 해보십시오. 스승님을 예를 들겠습니다. 스승님의 행복을 바라고 고통이 없기를 바라는 마음을 자애 문구를 통해서 일으켜 보는 겁니다.

"스승님께서 행복하고 평화롭기를 안전하고 자유롭기를, 괴로움과 슬픔에서 벗어나기를."

존경하는 분, 고마운 분을 향해서 5분~10분 마음속 깊이 진심으로 자애의 마음을 일으킵니다. 이번에는 모든 존재를 향한 자애명상입니다. 살아있는 모든 존재, 모든 생명들을 향해서 조건없이 무한한 자애의 마음을 일으켜 봅니다. 모든 존재를 주어로 한 자애 문구로 자애심을 일으켜 갑니다.

"모든 존재들이 행복하고 평화롭기를 안전하고 자유롭기를, 괴로움과 슬픔에서 벗어나기를."

마음속으로 문구를 반복합니다. 주문처럼 외우지 말고 의미를 음미하면서 자애의 마음을 담아 일으켜 보세요.

마지막은 통찰명상입니다. 자연스러운 호흡에 동반된 복부의 움직임에 주의를 기울여 보십시오. 숨을 들이마시고 내쉴 때마다 부르고 꺼지는 복부의 움직임을 주의를 기울여서 '부름, 꺼짐', 또는 '부품, 꺼짐' 이렇게 마음챙겨 알아차리고 관찰해 봅니다.

몸과 마음에서 일어나는 많은 경험들이 있지만 기본적으로 관찰할 대상은 복부의 움직임이라고 이해하세요. 그리고 '부름', '꺼짐'에 주의를 기울여 마음챙김하세요. 알아차림하며 관찰을 복부의 움직임에 적용해 봅니다. 호흡에 동반된 복부의 움직임을 기본 대상, 1차 대상으로 반복적으로 관찰하다가, 몸의 감각, 마음의 느낌, 욕심, 분노, 미혹의 유무, 졸음, 산만한 생각, 집중된 마음, 편안한 마음, 기쁨, 행복 등 모든 육체적 정신적 경험을 일어나는 순간 명칭을 사용해서 포착하면 마음챙겨, 알아차리고 관찰해가는 수련을 계속해 갑니다. 통찰명상은 심신의 모든 경험의 무상함, 괴로움, 무아임을 꿰뚫어 보는 통찰지가 생겨날 때까지 지속해 갑니다. 무상, 고, 무아를 통찰하면 종국에는 열반을 체험하는 깨달음의 지혜가 생겨납니다. 깨달음의 지혜를 얻을 때까지 통찰명상을 계속 이어갑니다.

# 명상과 정신건강

### 최훈동

대한명상의학회 고문, 휴앤심연구소 소장이다. 서울대 의과대학을 졸업하고 서울대학교병원 신경정신과에서 수련한 정신과 전문의이기도 하다. 대한신경정신의학회 고시위원, 서울의대와 이화의대, 중앙승가대 외래교수를 역임하고 한별정신건강병원장으로도 활동했다.
주요 논문으로 『무아사상의 정신치료적 의의』, 『불교와 정신치료』 등이 있으며 『나를 넘어선 나』, 『정신건강 교실』, 『깨달음의 길, 숙고명상』 등을 저술했다.

 * 2023 서울국제명상엑스포 '선지식·지성인과의 만남'의
**최훈동**님 영상을 ▶ YouTube로 볼 수 있습니다.

부처님께서는 정신건강에 대해 어떻게 말씀하셨을까요? 『앙굿따라니까야』「질병의 경」에 다음과 같은 구절이 있습니다.

"신체적으로 5년, 10년, 20년, 50년 건강할 수 있고 심지어 100년간 건강할 수도 있지만, 정신적으로는 5년, 10년, 50년, 100년 건강할 수 없다. 오직 부처님과 같이 정각을 이루신 아라한이 되기 전에는 정신적으로 건강하지 못하다."

석가모니 부처님은 세상을 통치하는 전륜성왕의 길이 열려 있음에도 불구하고 내면 세상을 다스리는 대사문의 길을 선택하셨습니다. 내면 세상은 곧 자기 자신입니다. 자기 자신 중에서도 몸이 아니라 마음, 즉 내면을 다스린다는 얘기입니다. 마음이 건강하지 못하면 궁극의 평화와 행복을 누릴 수가 없고 사회적으로도 구원이 있을 수가 없습니다. 부처님께서는 슬픔과 비탄을 뛰어넘게 하고 고통과 근심을 소멸시키고 열반 궁극의 평화와 행복을 실현시키는 길이 있다고 하셨습니다. 우리가 명상을 하는 목적도 그 길을 찾기 위함에 있지요. 궁극의 평화와 행복을 얻기 위해서는 어떻게 해야 할까요?

여러분, 잠시 눈을 감고 1분 동안 가만히 호흡을 바라보세요. 그리고 살며시 눈을 뜹니다.

눈을 감은 동안 어떤 일이 벌어졌나요? 내 마음이 얼마나 산란한지를 알기 위해서는 먼저 내면의 현주소를 확인하는 것에서부터 출발해야 됩니다. 달마대사는 『관심론』에서 "마음을 관찰하는 것이 모든 수행을 다 포괄한다."고 하였습니다. 마음을 어떻게 보느냐, 이것이 바로 명상의 핵심이라고 할 수 있습니다.

지금 이 순간 바로 깨어서 알아차리고 바라보는 것이 명상입니다. 무엇을 알아차려야 할까요? 남의 일거수일투족을 샅샅이 살펴보고 평가하는 게 아니죠. 부처님께서는 자신의 행동을 면밀하게 바라보고 알아차림 하는 것이 진정한 명상 수행이라고 말씀하셨습니다. 부처님은 지금 이 순간 내가 일으키는 행동에 신·구·의身口意 삼업三業 세 가지가 있다고 하셨습니다. 몸으로 짓고, 말로 짓고, 마음으로 짓는 행동이 항상 실시간으로 벌어지고 있습니다. 그것은 나 뿐만 아니라 주변 사람들에게도 파장을 일으키고 영향을 미칩니다.

여러분은 자신이 하고 있는 행동의 파장이 어떻게 퍼져나가고 있는지 알아차리고 있나요? 또 자신의 행동이 현재 어떠한가를 분명하게 자각하고 있나요? 내가 한 말이 상대방에게 어떤 영향을 미치는 지, 그 말이 나와 상대방에게 유익한 지 옥은 괴로움이나 상처를 주는 지를 잘 살펴보고 있습니까?

나와 다른 사람의 관계, 나와 가족, 나와 직장 동료의 관계, 나와 사회의 관계가 어떻게 형성되는 지에 따라서, 우리의 삶에 지옥이 펼쳐질 수도 있고, 천상세계가 펼쳐질 수도 있습니다. 자기 자신을 바라보고 알아차리는 것, 이것이 진정한 명상수행의 출발점입니다.

소크라테스는 "너 자신을 알라."고 했습니다. 탈레스도 "자기가 자신을 가장 잘 알고 있다고 착각하는 것이야말로 큰 죄악이다." 라고 했습니다. 자신에 대해 알지 못함을 철저하게 인정하고 이를 자각할 수 있어야 비로소 무지에서 벗어날 수 있다는 의미입니다.

부처님께서는 현재 내가 겪고 있는 고통이 어디서 비롯되었는가를 12단계로 성찰한 결과, 무지가 근본 원인임을 깨달으셨습니다. 지금까지 나 자신에 대해서 몰랐기 때문에 행한 언행들이 연쇄적으로 작용을 일으켜 현재 이러한 고통을 당하고 있음을 깨달으신 겁니다. 고통은 결과이고 원인은 무지입니다.

소크라테스가 말한 무지를 '명지'로 변화시키는 것을 불교에서는 깨달음이라고 합니다. 부처님은 인간의 고통, 슬픔, 비탄, 우울, 분노, 혐오, 증오, 공포 등. 건강하지 못한 마음상태로부터 모든 인류가 해방되기를 염원하신 분입니다.

정신이 건강하지 못하다는 것은 내가 현재에 만족하지 못하고 있다는 것입니다. 만족하지 못하면 원망을 하게 되고 원망이 커지면 분노가 됩니다. 분노가 커지면 증오가 되고, 증오가 살의 충동으로 발전하여 마침내 무차별 살인으로까지 이어집니다. 우리의 마음이 연쇄적으로 작용해 일어나는 현상과 그로 인한 영향을 분명하게 알고 있어야, 그 위험으로부터 벗어나는 길로서 '명상'을 찾게 됩니다. 마음이 평화롭지 못하고 행복하지 못한 상태를 들여다보는 것이 바로 명상이기 때문입니다.

달마의 관심觀心은 수많은 내면의 소음들을 분명히 보는 것입니다. 그 소음들은 대부분 과거로부터 이어진 되새김질이며, 미래를 미리 걱정하는 리허설의 결과입니다. 동시에 현재의 소란스러운 마음, 평화롭지 못한 마음, 행복하지 못한 마음, 조금만 칭찬해도 기뻐 날뛰고 조금만 거슬리는 소리를 하면 잡아먹을 듯이 분노하는 마음이기도 하죠. 좋은 것은 손에 꼭 쥐어 잡으려고 집착하고, 싫은 것은 피하거나 밀쳐내려 하는 애착과 혐오의 두 반응을 멈춰야 합니다. 있는 그대로 바라보고 그것이 나에게 전하는 의미를 꿰뚫어 관찰하여 깨달아야만이, 끊임없이 반복해 온 습관적인 업으로서의 '행동'이 비로소 해체될 수 있습니다.

다시 눈을 감고 자신을 돌아봅니다. 나의 운명, 나의 삶을 살펴보다보면 일정하게 반복되어 온 패턴이 있을 거예요. 그것은 경제적인 패턴일 수도 있고, 건강의 문제일 수도 있으며, 성격적인 패턴일 수도 있습니다. 누군가로부터 속거나 배신을 당하는 경험이 반복됐거나, 실패를 거듭하는 모습일 지도 모릅니다. 매순간 최선을 다했고 선하게 살기 위해 노력했음에도 왜 이러한 부정적인 사건들이 삶 속에서 반복되는 지를 깊이 한탄할 수도 있지요. 그러나 운명을 비난하거나 하늘을 원망하는 모습, 그 자체가 바로 나의 삶이 업카르마: 행위에 붙잡혀 종속되어 있음을 확인하는 근거가 됩니다. 살며시 눈을 뜹니다.

여러분, 명상이란 무엇이죠? 업의 흐름을 거슬러 올라가 반복되는 패턴을 해체하고, 완전히 분쇄해 버리는 방법입니다. 이러한 과정을 통해 어둡고 괴로운 삶에서 새롭고 밝은 삶으로 전환시키는 열쇠가 바로 명상이지요.

정신적인 괴로움, 그리고 부처님께서 말씀하신 생로병사의 고통은 같을까요? 아니면 다를까요? 부처님의 고통과 우리의 고통은 완전히 다른 것일까요? 현대의 우리가 겪는 고통이 과연 아주 옛날의 그것과 어떤 차이가 있을까요. 다르지 않습니다. 부처님께서는 인간이 겪는 고통은 근본적으로 다르지 않다고 봤습니다.

부처님을 일컬어 대의왕이라고 합니다. 부처님 재세 시에도 중국의 화타와 같은 대단한 명의가 있었으니, 육체의 질병을 다스리는 의왕은 아니겠죠. 부처님은 바로 중생들의 정신적인 고통을 해결해 주는 최초의 정신과 의사였습니다.

부처님 이전의 사유 방식은 운명론이었습니다. 절대자에 의해 모든 것이 결정되므로 "오직 절대자에게 의지해야 한다."는 가르침으로 가득했지요. 부처님 당시에도 브라마니즘이 대표적이었고, 그 외에도 여러 유파의 사상들이 있었습니다. 그러나 그중에서 어떤 사상도 싯다르타 태자를 만족시키지 못했습니다. 마침내 출가하여 요가의 구루들로부터 수행을 배워 가장 높은 선정도 닦아보았지만 깨달음에 이르지는 못하였다고 고백했지요. 부처님은 마지막으로 "지극한 고통을 겪으면 깨달을 수 있다."는 자이나교의 가르침을 직접 몸으로 체험합니다. 극한 고행으로 스스로를 내몰기 시작했죠. 피골이 상접할 지경에 이르러 극한 고통을 경험했습니다. 그러나 깨달음은 오지 않았습니다. 그 순간 "신체적인 고행으로는 정신적인 평화와 행복을 이룰 수 없다."는 자각이 일어났지요. 고행을 멈춘 부처님은 네란자라 강가에서 수자타라는 마을처녀에게 유미죽 공양을 받고 심신을 회복합니다. 그리고 보리수 아래 가부좌를 틀고 깊은 사유에 빠져듭니다.

『맛지마니까야』에 당시 부처님의 생각이 전해집니다. "과거 태자 시절에 '생로병사의 고통을 어떻게 하면 해결할 것인가?'를 사유한 적이 있었다. 이제 다시 이러한 고통이 어디서 비롯되었는지 그 연원을 추구해 봐야겠다."

그리고 그것을 깊이 사유합니다. 그 결과 12연기의 이치를 터득하고 "연기를 보는 자는 법을 보고 법을 보는 자는 연기를 본다."고 설하십니다. 인도의 모든 사상을 섭렵하고 요가수행과 고행을 거친 부처님께서 비로소 깨달은 진리는 바로 '연기緣起'입니다. 삼세의 모든 부처님이 깨달은 진리 또한 연기의 이치입니다. 우리가 연기에 대해 명확하고 깊이 있게 이해해야 하는 이유입니다.

연기緣起는 조건에 의해 발생한다는 뜻입니다. 모든 것은 그것이 생겨나는 원인과 조건이 있습니다. 여러분들이 삶 속에서 직면하는 수많은 갈등과 불화, 반복되는 대립들도 모두 원인이 있다는 것이죠. 그렇다면 그것을 어떻게 해결할 수 있을까요? 원인과 조건을 해체하면 되지요. 원인과 조건을 해체하기 위한 노력도 마찬가지로 명상입니다. 마음을 잘 보기위해 먼저 바라보아야 할 대상이 호흡입니다.

1분 동안 눈을 감아 보세요. 호흡을 관찰하세요. 우리가 눈을 감고 고요히 앉아 있으면, 유일하게 명확히 움직이는 것이 바로 호흡이지요. 호흡을 지그시 바라보세요. 요동치는 마음과 산란한 마음을 거두어 내기 위해서는 이 호흡에 단단한 닻을 내려야 합니다. 여기까지가 1단계입니다.

이번에는 몸의 감각을 바라봅니다. 허리를 곧추세우고 앉아 엉덩이는 의자 뒤에 바짝 붙이고 두 발은 바닥에 평행으로 놓으세요. 바른 자세를 유지하지 않으면 좌선할 때 깊은 선정으로 들어갈 수가 없습니다. 가부좌가 어려운 분들은 우선 의자에 앉아 시도해보세요.

눈을 감고, 숨을 들이마시고 내쉽니다. 긴장을 풀고 이완한 채 호흡하면서 들숨과 날숨을 명료하게 바라보세요. 숨길이 코에서부터 배까지 길게 이어지는 동안 시선은 어느 한곳에서 두는 것이 좋습니다. 코 입구에서 먼저 바라봅니다. 코 입구에서 들이마신 숨과 내쉬는 숨의 감촉이 어떻게 다른지 차이를 확인하세요. 계속 들숨과 날숨에 주목합니다. 호흡의 길이와 깊이, 그리고 형태를 보세요. 호흡이 긴장되어 있나요? 아니면 편안한가요?

숨을 깊이 내쉬면서 긴장을 풀어주세요. 어느 정도 몸과 마음이 편안해진 것을 느끼실 겁니다. 몸과 마음이 편안해지면 손바닥이 따뜻해지고, 몸과 마음이 가벼워집니다.

이번에는 호흡을 바라보는 주의집중을 몸으로 돌립니다. 머리 끝부터 발끝까지 쭉 훑어 내려갑니다. 몸에 특별한 감각이 느껴지는지 살펴보세요. 그것은 어떤 감각인지 알아차려 보세요. 이것은 몸의 감각을 바라보고 알아차리는 훈련입니다.

다음 단계에서는 마음을 바라봅니다. 현재 내 마음이 어떤 상태인지를 살피세요. 수많은 생각으로 가득 차있나요? 나의 의지와는 상관없이 잡념들이 반복해서 일어나고 있나요? 그 생각을 그저 바라보세요. 다음은 감정입니다. 생각 속에 어떤 감정이 섞여있는지 호기심을 갖고 살펴보세요. 단순히 생각만 있는 게 아니고 생각 속, 혹은 기억 속에 어떤 형태로든 감정들이 함께 묶여 있음을 알아차려보세요. 현재의 마음 상태를 생각과 감정이라는 두 가지로 분리하고 구별해서 바라봅니다.

마지막으로 나의 삶을 돌아봅니다. 내 삶에서 수없이 반복되는 패턴에서 벗어날 수가 없다면, 그것을 정리하는 시간을 가져야 합니다. 그것이 감정이든 생각이든, 성격 혹은 건강이든 재정 문제든 직면해야 합니다. 지금 내가 닥쳐 있는 당면 과제는 무엇인지를 확인하세요. 이렇게 반복되는 패턴이 내 삶의 현재와 과거, 미래를 붙잡고 있음을 알아차릴 수 있어야 됩니다. 이제 살며시 눈을 뜹니다.

고통은 배경이 있습니다. 현재 내가 겪고 있는 마음의 갈등이나 고통, 편안하지 못한 상태는 그것이 생겨날 만한 원인과 배경과 조건에 의한 것입니다. 누군가에 의해서 만들어진 것이 아니며, 누군가에 의해서 주어진 것도 아닙니다. 또 운명에 의해서 결정된 것도 아니죠. 이것이 부처님이 깨달은 연기론의 핵심입니다.

부처님의 명상법은 이렇게 호흡을 먼저 바라보며 관찰하고, 호흡의 감각을 느끼고, 몸의 감각을 느낍니다. 그 다음에 마음의 상태를 바라보는데 마음의 내용들, 또 생각과 감정을 바라보고 마지막으로 삶을 돌아보는 것입니다.

명상은 삶과 떨어져 있지 않습니다. 명상을 삶 밖에서 찾으려면 문제의 해답을 외부에서 찾는 것과 같습니다. 명상은 나의 내면에서 공부하는 것이므로 언제 어느 때나 할 수 있습니다. 명상센터나 히말라야 고원에서 외딴 섬에서 하는 것이 아닙니다.

삶을 꿰뚫는 부처님의 지혜를 여러분들은 모두 가지고 있습니다. 여러분은 눈을 감고 무엇을 보셨나요? 호흡을 보셨나요? 눈으로 호흡을 봤습니까? 무엇으로 봤나요? 마음으로 봤습니다. 그 마음을 또 봤죠? 무엇으로 봤나요? 호흡은 마음으로 봤고, 마음은 무엇으로 봤나요?

"몸과 마음을 바라보라." 대승경전의 심장이라고 할 수 있는 『반야심경』의 구절입니다. '조견照見오온五蘊: 색수상행식하라'고 나와 있어요. '오온을 비추어 보라'는 뜻이지요.

오온이 뭡니까? 나 자신입니다. 몸과 마음을 다섯 가지로 나누어서 나라는 존재를 설명했지요. 한마디로 자신을 잘 비추어 보라는 거예요. 잘 비춰보는 것이 반야바라밀般若波羅蜜입니다. 조건과 관조는 같은 의미이고 한마디로 관찰입니다. 명상과 반야바라밀이 통하고 있지요? 지혜수행반야바라밀이 따로 있고 명상수행 따로 있는 게 아닌 이유는, 계·정·혜 삼학으로서 팔정도는 세 가지 다리에 의해서 받쳐있는 솥과 같기 때문입니다.

명상을 잘하기 위해선 먼저 몸과 마음의 행동이 정화되어야 합니다. 정화되지 않으면 집중도 안 되고 관찰도 안 됩니다. 집중止과 관찰觀이 균등하게 되지 않으면, 바른 견해와 바른 사유를 할 수가 없어 지혜가 계발되지 않습니다.

마음을 바라본다. 이것이 명상의 핵심입니다. 마음을 잘 바라보기 위해서는 먼저 몸으로 말로 정신적으로 하는 행동이 정화가 되어야 한다고 부처님은 말씀하십니다. 마치 옷감 염색과도 같아요. 아무리 좋은 옷감이라도 때가 묻어있고 기름져 있는 얼룩덜룩한 옷감에 염색을 하기가 어렵지요. 그렇기에 부처님은 『맛지마니까야』「옷감에 대한 비유의 경」에서 물 없는 목욕인 계행행동을 조심하는 것을 강조하며, 더러워진 옷감을 빨아서 깨끗한 상태로 만든 후 염색을 해야 되는 것과 같다고 설하셨습니다.

갠지스 강가에 가서 아무리 목욕을 해도 카르마가 정화되는 건 아닙니다. 3000배, 1만배를 해도 정화되는 것은 아닙니다. 어떻게 하라고요? 항상 매 순간 나의 행동, 언어적 행동, 신체적 행동, 정신적 행동을 바라보고 알아차려 깨어있어야 합니다. 이렇게 행동을 정화하는 것이 수행입니다. 오감에서 보고, 듣고, 냄새 맡고, 맛보고, 만질 때 쾌감과 불쾌감에 오염되지 않아야 된다는 것입니다.

왜 나는 명상을 하는데도 잡념이 끊이지 않을까요? 명상을 할 때 금방 졸음이 와서 진전이 없는 것 같기도 하죠. 그럴 때 저는 전제조건을 점검해 보라고 조언합니다. 전제조건은 바로 계행입니다. 내가 남이 보지 않는 상황에서도 나의 행동을 항상 보고, 알아차리고 조심하고 있나요? 이러한 계행이 가장 기본입니다. 명상을 아무리 여러분이 좋은 선지식에게 배웠어도 구체적으로 삶 속에서 잘 수련하고, 생활 속으로 적용을 하려면 계행이 바탕이 되어야 합니다.

계행의 첫번째는 불살생不殺生입니다. 생명이 있는 모든 것을 나의 생명과 동등하게 존중해야 합니다. 모든 생명을 가진 존재들은 존중받고 사랑받을 권리가 있으며, 나와 같이 동등한 존재입니다. 그래서 생명을 해치지 않아야 합니다.

두 번째는 불투도不偸盜입니다. 남이 주지 않는 것을 취하려 하지 말아야 합니다. 남이 준다고 동의하지 않았는데 가지려고 하는 것은 탐욕을 넘어선 강탈 행위입니다.

세 번째는 불망어不妄語입니다. 우리는 말로써 수많은 카르마를 짓습니다. 거짓말에도 여러 가지가 있습니다. 없는 말을 지어내는 것도 거짓말이지만, 절반은 사실이고 절반은 자기에게 이롭게 꾸며서 말하는 말, 그것도 거짓말이에요. 이쪽에는 이렇게 말하고 저쪽에는 저렇게 말하는 양설두 말 하는 것도 거짓말입니다. 교묘하게 꾸미거나, 나에게는 이롭고 남에게는 피해를 주는 진실되지 못한 말들을 모두 불망어라 합니다.

네 번째가 불사음不邪婬입니다. 바르지 못한 성적 교접을 해서는 안됩니다. 『능엄경』에 마등가라는 천하 절세 기녀로 인해 부처님 제자인 아난존자가 파계하기 직전, 부처님이 그를 구원하며 설법하는 내용이 나옵니다. 길게 이야기할 것도 없이, 그런 행위를 하면서 명상이 잘 되리라고 기대할 수는 없겠지요.

부처님이 남기신 유언은 '자기 자신에게 의지하고 법에 의지하라自歸依 法歸依'입니다. 자기 자신에게 의지하고 결코 남에게 의지하지 말라. 자기 자신에게 의지하라는 말은 밖에서 답을 찾지 말고, 밖에서 원인을 찾아서 상대방이나 부모, 심지어는 하늘과 부처님을 탓하고 원망할 게 아니라, 자기 자신에게서 원인과 책임을 찾으라는 가르침입니다. 막막할 때 밖에서 해결책을 찾으려고 하면 절대자에게 의지하는 기도 외에는 방법이 없게 됩니다. 그렇다면 우리가 여기 앉아 있을 필요가 없지요.

명상은 명확합니다. 자기 자신을 되돌아보고 자신을 다스리고 자신을 개발함으로써 진정한 자기를 정립하는 길입니다. 자귀의自歸依를 하는 구체척인 방법은 사념처관四念處觀: 신수심법을 관찰을 하는 것입니다. 위빠사나 수행으로 잘 알려져 있지만, 자신 뿐 아니라 자기와 연결된 주변 가족, 세상과의 관계를 바라보라는 말입니다.

고통이라는 것은 관계 속에서 일어납니다. 문제 되는 상황이 굉장히 많지요. 우리가 삶의 바다에서 살고 있으니 파도는 항상 일어나게 되어있어요. 파도가 고통인가요? 그렇지 않습니다. 파도는 파도일 뿐인데 그 파도를 고통으로 인식하는 것이 나 자신이지요. "첫 번째 화살은 피할 수 없지만 두 번째 화살은 맞지 않을 수 있다."는 부처님의 말씀이 있습니다. 몸은 비록 아플 수 있어도 마음은 병들지 않을 수 있다는 게 부처님 가르침의 요지예요.

　밖에서 찾는 게 아닙니다. 밖에서 구하는 게 아니라 자기 자신을 명상 대상으로 삼고 자기 자신이 직접 수행하는 거지요. 경험해야 합니다. 자식이 밥을 맛있게 먹는다고 내가 배부르지 않습니다. 부처님이 맛있게 드셨다고 내가 배부르지 않아요. 어느 누구에게 의지해서 공부를 하는 게 아니라, 자기 자신을 의지해서 공부를 해야 됩니다.

　부처님 돌아가시기 3개월 전 아난다가 여쭙니다. "부처님 돌아가신 후에 '우리는 누구에게 의지해야 합니까? 뭘 어떻게 공부해야 됩니까?" "내가 45년간 그렇게 간곡하게 가르쳤는데 아직도 깨닫지 못하고 있구나." 그리고 부처님은 아난다에게 "결코 다른 것에 의지하지 말고 너 자신에게 의지해라. 그리고 법<sub>부처님 가르침</sub>에 의지하라."고 말씀하셨지요.

　아난다는 부처님 입멸 직전 재차 묻습니다. "이제 누구를 스승으로 삼아야 합니까?" 부처님의 뒤를 이을 계승자를 여쭌 것이지요. 부처님은 "법을 스승으로 삼고 계를 스승으로 삼으라." 하셨는데, 45년간 설한 가르침을 스승으로 삼으라는 것입니다.

　진정한 불제자는 그렇게 살아야 합니다. 불교명상은 따로 있지 않습니다. 삶을 살아가면서 구비구비마다 깊숙이 사유와 성찰을 하라고 했어요. 그래야만 깨달음이 온다고 했습니다. 명상을 통해서 마음이, 소란한 마음, 평화롭지 못한 마음, 불안한 마음, 수많은 탐욕의 불길과 분노에 파도치고 소용돌이치는 이 마음을 고요히 가라앉히고 그 원인과 배경, 조건을 꿰뚫어 보아야 합니다. 번뇌의 찌꺼기를 녹이고 카르마의 찌꺼기까지 녹이는 작업이 바로 명상수행입니다.

명상과 선禪은 다르지 않습니다. 범어 디아나dhyana를 음역해서 선나禪那라고 하는데, 선나에서 '나'자가 빠져 선이 됐습니다. 이 디아나를 중국 역경승들이 의역을 할 때는 고요히 생각한다는 뜻으로 사유수思惟修, 정려靜慮라고 했습니다.

부처님은 보리수 아래 앉아 선정에 들었고 고통의 연원을 사유하고 사유해서 무지에 의한 것임을 밝혀냈어요. 깨달은 후에 무지에 의해 하는 행동이 사라지고, 의식이 정화되고 집착을 여의자 생로병사의 고통이 완전히 해결되었습니다. 즉, 고통은 외부에서 해결해 주는 게 아니라 스스로 깨달아서 해결해야 합니다.

명상하면 무념무상만 생각해서 생각을 없애려고만 합니다. 그건 삼매선정의 부분만 이야기한 거죠. 집중과 관찰이라는 명상의 두 날개 중에서 집중의 부분만 이야기한 것으로 관찰의 부분을 놓치고 있습니다.

현재 나의 행동을 멈추고 바라봐야 합니다. 자기 자신의 마음을, 현재 이렇게 요란한 마음이 어디서 비롯되는가를, 칡넝쿨처럼 얽혀있는 이 마음을 가닥가닥 정리해서 꿰뚫어 볼 수 있어야 현재 여러분이 안고 있는 반복되는 카르마업에서 벗어날 수 있습니다. 카르마의 윤회를 해체시킬 수 있는 깨달음이 옵니다.

붓다의 깨달음은 중생의 아픔이 조건입니다. 한계가 뚜렷하고 고통받고 있으며 삶이 불만스러운 인간의 삶이 깨달음을 주기 때문입니다. 고통을 성스러운 진리라고 하는 이유는 그 고통이 나를 깨우쳐 주는 스승이 되기 때문입니다. 고통을 깊이 사유해서 고통의 원인과 배경을 꿰뚫어 보아야만 고통을 해결하고 궁극의 평화와 행복인 니르바나^(완벽한 정신건강)에 이릅니다.

　부처님이 정각을 이룬 후 처음 설법한 초전법륜의 내용은 사성제^(四聖諦)입니다. 고통의 실상과 고통이 일어난 원인, 고통의 해결과 그 방법에 대한 진리를 설한 것이죠. 고통을 해결할 방법은 팔정도^(八正道: 바른 견해, 바른 사유, 바른 언어, 바른 행위, 바른 생활, 바른 노력, 바른 관찰,) 바른 집중입니다. 이 팔정도야말로 계·정·혜 삼학으로서 진정한 불교의 명상법입니다. 계·정·혜 삼학을 함께 닦고 지와 관을 균등히 닦아 삶 속에서 연기적인^(맥락적인) 관찰을 할 수 있는 바른 안목을 갖추면 내면의 지배자, 참사람이 됩니다.

　여러분 모두 내면의 지배자가 되어 삶의 고통을 해결하고 주변 사람들을 밝은 빛으로 인도할 수 있기를 기도합니다.

# 마음챙김은 관계성에 대한 것입니다

## 안희영

한국MBSR연구소 소장이자 대한명상의학회 고문이다. 성인교육학 박사로 국제공인 MBSR 티처트레이너, 국제공인 MBCT-L 티처트레이너로 활동하고 있으며 한국명상지도자협회 이사, 한국심신치유학회 명예회장, 한국불교심리치료학회 운영위원이기도 하다. 풀브라이트 교환교수, 서울불교대학원대학교 심신치유교육학과 교수를 역임했다.

\* 2023 서울국제명상엑스포 '선지식·지성인과의 만남'의
**안희영**님 영상을 ▶ YouTube로 볼 수 있습니다.

　마음챙김에 근거한 스트레스 완화MBSR 프로그램은 '관계성'에 대한 것입니다. 나 자신과의 관계, 타인과의 관계, 나와 세상과의 관계 등 우리의 삶은 관계 그 자체입니다. 가정에서 부부, 부모와 자식, 형제자매 관계부터 친구들과의 관계, 또 직장에서의 관계, 자연과의 관계까지 정말 다양한 관계들이 있습니다. 그런데 어떤 사람은 성을 내고 세상을 원망하면서 힘들게 살아가고, 반대로 더 안 좋은 상황에서도 선한 마음을 가지고 세상과 잘 화합하면서 사는 사람이 있습니다. 그 차이는 아주 크지요. 우리가 지혜롭게 세상과 관계 맺는 방법을 안다면, 우리 삶은 아무래도 더욱 행복하고 풍요로워질 수 있습니다. 이 관계성이 곧 모든 것이 모든 것과 연결되었다는 상호연결성이기 때문입니다.

　MBSRMindfulness-Based Stress Reduction은 서구 사회에서 과학화된 마음챙김 명상의 효시가 된 프로그램입니다. 지금과 달리 불과 40여 년 전만 해도 서구 사회에서 마음챙김 명상은 매우 낯선 것이었습니다. 1979년 존 카밧진 박사는 미국 메사추세츠주립대학에서 위빠사나, 선, 티베트 명상 등 불교 전통과 현대 과학을 결합한 MBSR 프로그램을 만들었습니다. 동양 사람들의 정신수행법 정도로만 인식되던 명상을 누구나 이해할 수 있도록 보편적이며 상식적이고 근거중심적으로 소개하였습니다. MBSR은 불안이나 우울 등의 심리적 어려움을 효과적으로 개선해줄 방법으로 점점 이름을 알렸고 병원에서도 활용될 만큼 널리 인정을 받았습니다.

2014년 미국의 대표적인 주간지인 〈Time〉지는 서구 사회에서 불고 있는 마음챙김 명상 붐을 '마음챙김 혁명'이라는 표제 기사를 통해 소개한 바 있습니다. 이 특집기사에서 실제로 MBSR 프로그램에 직접 참여한 기자는 서구 사회에서 마음챙김 명상이 주류사회에 크게 어필하고 있는 이유를 두 가지로 꼽았습니다. 첫 번째는 쉽고 상식적인 언어로서 대중에게 다가선 점, 두 번째 뇌는 경험에 따라 나이가 들어서도 계속 변화한다는 뇌의 가소성 등 과학적인 근거로 접근했다는 점입니다.

서구 사회에서 명상을 향한 높은 관심은 스티브 잡스, 빌 게이츠, 유발 하라리, 오프라 윈프리 등 유명인사를 포함한 많은 사람이 자신들이 체험한 명상의 효과를 대중들에게 앞다투어 고백하고 있다는 점에서도 확인할 수 있습니다.

MBSR과 유사한 MBCT<sup>마음챙김에 기반한 인지치료</sup>라는 프로그램도 있습니다. 우울증 환자들을 돕기 위해, 기존 MBSR에 심리치료의 한 종류인 인지 행동 치료를 결합해 개발된 프로그램입니다. 이름에서 알 수 있듯이 MBCT는 좀더 임상적인 성격을 가지고 있습니다. 이러한 MBCT의 장점을 반영하여 일반인들도 번영감을 느끼고 삶을 음미할 수 있게끔 진화한 'MBCT For Life'도 많은 관심을 끌고 있습니다.

MBSR과 MBCT은 교육 프로그램이면서도, 상당한 치료 효과를 가진 마음챙김에 근거한 명상 프로그램의 대표 주자로 인정받고 있습니다. 특히 2022년 하반기 세계적인 정신의학 저널 미국의사협회 정신의학회지<sup>JAMA Psychiatry</sup>에 게재된 한 연구 결과가 주목

됩니다. 이 연구는 불안환자들을 대상으로 한 MBSR과 우울증 치료제인 에스시탈로프람Escitalopram이라는 약물치료를 무작위 비교실험을 한 결과, 그 효과에 있어 MBSR이 약물치료에 비해서 열등하지 않다는 사실을 보여줍니다.

실제 마음챙김은 뇌와 신경계의 통합을 촉진하고, 심혈관 건강 증진, 후성유전학 개선, 장수와 관련된 텔로머레이즈 수치 개선, 그리고 면역기능 향상 등 수많은 건강상의 이익을 가져다 줍니다. 불안과 우울의 개선 등 다양한 정신적 유익함도 가져다준다는 점에서 아리스토텔레스가 말한 행복 즉, 에우다이모니아Eudaimonia의 핵심 요인이라고도 할 수 있습니다.

MBSR에서 제일 중요한 것은 M, 즉 Mindfulness마음챙김입니다. 요즘 명상에 대한 관심이 급격히 증가하며 마음챙김이라는 단어가 많이 사용되고 있는데, 이 마음챙김을 오해하고 계신 분들이 많습니다. 마음챙김에 대해 좀더 구체적으로 알아보겠습니다.

우선 첫 번째 오해는 마음챙김을 머리mind를 중심으로 하는 인지훈련으로 간주하는 것입니다. 그러나 마음챙김은 개념 혹은 인지 중심의 훈련이 아니라 몸의 감각, 정서, 사고를 직접 경험으로 알아차리는 자각 훈련이라 할 수 있습니다. 경험과 관련된 측면을 더 정확하게 강조하기 위해서 MBSR에서는 마음챙김Mindfulness을 Heartfulness라는 신조어를 활용해 설명하기도 합니다. 마음챙김은 가슴heart으로 하는 것입니다. 또 몸을 통해서embodied 하는 것입니다. 생각, 인지, 머리로만 하는 것이 아니라, 더 직접적이고 직관적으로 경험을 있는 그대로 느끼고 아는 것입니다.

흔히 만나는 또 다른 오해는 마음챙김과 집중을 동일시하는 것입니다. 마음챙김과 집중은 동의어가 아닙니다. 불교의 팔정도에서도 마음챙김과 집중을 구별하고 있지요. 힘을 다해 주의를 기울인다면 결코 마음챙김의 힘을 기르지 못할 것입니다.

MBSR에서는 마음챙김을 잘 하기 위해 현재에 주의를 기울이고자 하는 의도와 9가지 태도<sup>비판단, 인내, 초심, 신뢰, 애쓰지 않음, 수용, 내려놓기, 관대함, 감사</sup>가 필요하다고 설명합니다. 여기에 호기심과 친절 같은 태도가 더해져서 들뜨지 않은 상태에서 현재의 경험을 더욱 선명하게 드러나게 해줍니다. 이러한 마음챙김의 독특한 역할은 우리를 지혜로 연결해줍니다.

마음챙김의 힘을 기르려면 지나치게 힘주지 말고, 매우 부드럽고 친절한 주의를 기울여야 합니다. 몸과 마음의 힘을 빼고, 수용적이면서 열린 마음으로, 호기심을 가지고 경험을 향해 다가서는 것이 마음챙김입니다. 마음챙김 수련은 지금 이 순간과의 연애로도 비유할 수 있습니다. 사랑하는 연인을 대하듯이 따뜻하고 부드러운 태도로 지금 이 순간에 주의를 기울여야 하기 때문이죠. 이런 의미에서 마음챙김은 사랑입니다.

EBS가 제작한 '오래된 미래'라는 프로그램이 있습니다. 헬레나 호지라는 한 여성의 동명 저작을 모티브로 한 다큐멘터리입니다. 이 책의 저자는 인도 라다크 지방에서 10여 년간 살면서 그곳의 전통문화에 깊이 매료됐죠. 나아가 세계화와 문호개방 이후 달라진 라다크 사람들의 모습을 안타깝게 여긴 나머지, 그들의 삶을 〈오래된 미래〉라는 감동적인 기록으로 남겼습니다.

세계화 이전의 라다크 사람들은 서로를 신뢰했고 불필요한 경쟁

없이 서로 돕고 웃으면서 행복하게 살았습니다. 그러나 어느 날 서구 문물이 도입되며 세계화, 산업화가 빠르게 진행됩니다. 처음에는 모든 게 편리해지고 발전하는 듯 보였지만 시간이 지나면서 전통사회와 문화가 빠른 속도로 무너지죠. 서로 웃으며 돕던 사람들 사이의 신뢰와 따뜻함이 점차 사라지고 라다크 사람들의 정감과 행복한 모습도 자취를 감추었습니다.

이 프로그램을 통해 우리는 과학기술, 자본주의, 세계화 등 인류를 행복과 발전으로 이끌어줄 것이라 기대했던 것들이 사실은 꼭 그렇지 않을 수도 있다는 중요한 교훈을 얻게 됩니다. 이러한 교훈은 우리로 하여금 "세계화, 산업화의 혜택을 거부하지 않으면서도 전통사회의 소중한 유산과 가치를 잘 이어받을 수 있는가?" 혹은 "현대사회가 줄 수 있는 물질적 편안함과 전통사회가 이어온 인간적인 소중한 정신유산을 어떻게 균형 있게 융합할 수 있을까?"를 고민하도록 이끕니다.

다큐멘터리 '오래된 미래'를 통해 전통과 현대의 만남, 그리고 양자 간의 조화 가능성을 다시 한번 살펴보게 됩니다. 마음챙김 명상도 마찬가지입니다. 2600여 년 전 시작된 불교명상의 전통이 현대로 이어져 내려오면서, 서구 사회에서 더욱 관심을 끌게 된 새로운 진화 현상이기 때문입니다.

어찌보면 MBSR은 불교명상이라는 전통의 커다란 바위에 서구 사회의 과학이 맞닿아 갓 피어난 아름다운 꽃처럼 여겨지기도 합니다. 존 카밧진 박사의 말씀처럼 MBSR이 주류 사회에 다르마[이치, 진리]를 가져오기 위한 수많은 방편 중의 하나로 탄생한 것이라면, 명상이라는 전통과 과학이 잘 융합된 MBSR은 분명 소중한 과거와 미래를 잇는 '오래된 미래'가 될 수 있을 것이라 기대합니다.

MBSR이 서구 사회에서 각광 받는 이유는 그것이 더 나은 삶을 영위하는데 도움이 되기 때문입니다. 산스크리트어인 'Dukkha'는 보통 영어로 스트레스Stress, 고통Suffering으로 번역이 되곤 합니다. 어원을 살펴보면 '수레의 축이 고장 난'이라는 의미입니다. 어떤 수레에서 바퀴가 고장 나면 그 수레를 끌고 나가기 얼마나 불편할까요? 그래서 Dukkha는 불편함, 만족스럽지 않음을 의미합니다.

여러분에게도 Dukkha가 있나요? 사람들이 모인 곳, 나아가 생명이 모인 곳에는 반드시 Dukkha가 있기 마련입니다. MBSR은 마음챙김 명상에 근거해 Dukkha를 완화시키는 프로그램입니다. 고통과 불편, 만족스럽지 않음을 경험했다면 MBSR이 어떤 프로그램인지를 이해하기가 더 수월해집니다. 살아가면서 누구나 경험하게 되는 만족스럽지 않음, 불편함, 힘듦을 줄여줄 수 있게 도와주는 프로그램이라고 할 수 있습니다.

앞서 MBSR은 관계에 관한 것이라고 말씀드렸지요. 일상생활 속에서 다른 사람을 대할 때 어떠한 마음으로 하고 있는지를 자각하는 것은 매우 중요합니다. 인간관계 등을 보면 처음에는 조심하고 배려하면서 잘 지내다가 시간이 흐르고 익숙해지면서 점차 성의가 없어지고 결국에는 관계가 틀어지는 경우가 많은 것 같습니다. 서로에 대한 실망감, 편견, 불만 속에서 상대를 자신의 관점에서 규정해버리고 일방적인 이야기를 만들어 나가는 경향이 있습니다. 이렇게 내 이야기 속에 빠져 상대를 규정하고 세상을 나와 남으로 분리해서 보는 습관이 지속되면 삶은 더욱 딱딱해지고 분리와 단절감은 강화될 것입니다. 그리고 이 분리감과 단절감 속에서 'Dukkha'는 더욱 커져가겠지요.

마음챙김 자각은 지금 여기 삶의 한 가운데 마주 서서, 현재의 경험이 무엇이든 있는 그대로 친절하게 수용하는 것입니다. 마음챙김 자각은 현재 이 순간과 연애하듯이 사랑 속에 현존하는 것입니다. 모든 사람은, 나아가 세상 만물은 모두 존귀하며 소중합니다. 이런 의미에서 마음챙김은 연결이며 사랑입니다. 마음챙김을 잘 하게 되면 '나'를 중심으로 했던 좁은 습관과 관점이 더욱 확장되어, 보다 보편적이고 포용적이며 따뜻한 사람이 된다는 연구결과도 많이 나오고 있습니다.

간혹 얼굴에 "나 명상하는 사람이야."를 쓰고 다니는 사람들도 있습니다. "나 좀 알아줘야 해. 무슨 빛을 봤어. 굉장한 소리를 들었어. 갖가지 명상을 다 해 봤어. 유명한 분한테 명상을 배웠어."라며 자신의 명상 경험을 자랑하며 다니는 사람들이 있지요.

명상에서 가장 중요한 것은 '명상을 통해 어떻게 성장하고 발전하는가'입니다. 명상하기 전보다 더욱 지혜롭고 친절해지는 것, 좀 더 따뜻하게 열린 마음으로 주위 사람들과, 또 세상과 연결되는 것이 중요하다고 봅니다. 그런 의미에서 명상은 깨어있는 삶을 위한 방편인 동시에 삶의 존재 방식이라고 할 수 있습니다.

마음챙김은 우리가 놓치고 있는 소중한 것들을 있는 그대로 볼 수 있게 해줍니다. 그래서 명상이 제대로 된다면 시야가 넓어집니다. 마음챙김의 대상은 우리의 몸, 마음, 세상을 포함해서 모든 것이 될 수 있습니다. 처음 마음챙김을 접하는 분들은 있는 그대로 보는 것의 중요성이 충분히 이해되지 않을 수도 있지만, 있는 그대로 보는 마음챙김 수련은 우리를 왜곡된 지각과 관점, 습관화된 패턴에서 벗어나게 도와주기 때문에 성장, 치유, 발달에 매우 중요한 과정입니다. 있는 그대로 보게 되면 전에는 보이지 않았던 여러 가능성이 눈 앞에 펼쳐집니다. 이를 '숨겨진 차원의 드러남'이라고 표현할 수 있습니다.

몸 알아차림을 하게 되면 오랫동안 외면해서 차단되었던 몸의 감각이 되살아납니다. 자동적이고 충동적인 마음의 습관이 점차 고요한 상태로 변화하게 되며, 그 안정된 공간의 확장은 우리가 지혜롭게 선택할 가능성을 줍니다. 지금 이 순간 있는 그대로 알아차리는 것만으로 인지적, 정서적으로 자기 조절이 쉬워지며, 지속적인 알아차림 수련은 우리를 자기탐구, 자기해방의 경험으로 나아가게 합니다. 마음챙김 알아차림 수련은 성장, 치유, 학습, 발달의 핵심요소입니다.

마음챙김은 꼭 스트레스가 있거나 마음이 힘든 분들에게만 필요한 것이 아니라, 건강한 사람들에게도 새로운 세상을 열어줄 수 있는 정신수련 방법입니다. 마음챙김이 개인적인 수행을 넘어서 사회운동으로 확대되면 얼마나 좋을까요. 마음챙김이나 MBSR이 전 세계적으로 많이 확산되고 보급되었지만, 아직 사회 전체의 의식 수준을 바꾸기에는 요원해 보입니다. 유치원이나 초등학교부터 마음챙김 교육이 체계적으로 진행된다면, 개인의 건강, 웰빙은 물론 사회 전체의 안전과 안녕, 평화 증진에도 커다란 기여를 할 수 있을 것입니다. 실제로 마음챙김을 도입한 학교에서는 이를 경험한 아이들이 자신에게 보다 친절하고 친구들과도 화목하게 지내며, 학업에도 도움이 된다는 등 긍정적인 결과를 확인하고 있습니다.

마음챙김은 그 뿌리를 불교 전통에 두고 있습니다. 다만 서양의 마음챙김 교육은 종교와 무관하게 모든 사람들에게 도움이 될 수 있는 보편적 가치로서 인정받고 있습니다. 생각해 보면 부처님도 불교 신자가 아니고, 마찬가지로 예수님이 기독교 신자가 아니었을 겁니다. 종교 창시자들의 정신적인 근원은 지혜와 사랑이며 이는 열린 태도와 관점의 변화를 요구합니다.

이처럼 마음챙김은 특정한 신념체계나 종교의 틀, 선입견, 단편적인 이야기 등에 사로잡히지 않고 개인과 개인, 개인과 세상이 잘 소통할 수 있게 도와줍니다. 마음챙김이 지금보다 더 많은 사람들에게 잘 전달되고 마음챙김으로 깨어있는 사람들이 많아진다면, 세상은 분명 더 따뜻하고 편안하게 변화할 것이라는 기대를 해봅니다.

몸에 대한 마음챙김 명상을 함께 해 보겠습니다.

먼저 허리를 바로 세우고 앉아봅니다. 가슴은 열고 너무 경직되지 않게 힘은 빼되 위엄 있는 자세를 취해 봅니다. 명상하는 동안 눈을 감거나 뜨거나, 몸을 움직이거나, 때에 따라서는 명상을 중단할 수도 있는 모든 선택권이 자신에게 있음을 기억합니다.

주의를 천천히 호흡으로 가져와 봅니다. 숨이 들어올 때 '숨이 들어오는구나', 숨이 나갈 때 '숨이 나가는구나'하고 느껴 봅니다. 의도적으로 들숨과 날숨을 만들어내거나 호흡을 조정하려고 하지 않습니다. 그저 자연스럽게 호흡하면서 알아차려 봅니다.

부드럽고 차분하게 호흡에 주의를 기울이면서 호기심을 가지고 살피다보면 호흡이 잘 느껴지는 부분이 있을 겁니다. 어떤 분은 코

언저리일 것이고, 어떤 분은 목 언저리 혹은 배나 가슴일 수 있습니다. 가장 호흡이 잘 느껴지는 곳에 마음을 가져가서 그 느낌을 가만히 느껴 봅니다.

호흡을 통제 없이 가만히 몸에 맡겨 봅니다. 다만 친절하게 호기심을 가지고 호흡이 가장 잘 느껴지는 부위에 주의를 기울여 봅니다. 주의가 다른 데로 가면 알아차리고 다시 주의를 호흡으로 가져오면 됩니다.

호흡에 주의를 기울여야겠다는 의도를 기억하면서, 놓치면 다시 부드럽게 호흡의 느낌으로 되돌아오기를 반복해 봅니다. 중요한 것은 판단하지 않고 호기심을 놓지 않으면서 호흡을 살펴보는 겁니다.

이번에는 호흡은 잠시 내려두고, 호흡으로 향했던 주의를 손으로 한번 가져가 보겠습니다. 손을 직접 쳐다보지 말고 주의만 손으로 가져가 봅니다. '지금 손에서는 어떤 느낌이 있나?' 살펴보고 느낌이 있는 곳에 마음을 모아 봅니다.

만약 아무 느낌이 없다면, 아무 느낌이 없는 그대로 그냥 알아차리고 있으면 됩니다. 간지러우면 '간지럽구나.', 차가우면 '차갑구나.', 따뜻함이 느껴지면 '따뜻하네.' 하고 알아차릴 수 있습니다. 느낌을 변화시키려 하거나 없는 느낌을 찾으려고 하지 말고, 있는 그대로 알아차려 봅니다. 이러한 능력은 우리가 태어났을 때부터 이미 갖추고 있는 힘입니다.

이번에는 주의를 발로 이동해 보겠습니다. 오른발과 왼발을 동시에 해보겠습니다. 방금 손에서 한 것처럼, 이번에는 '발의 느낌은 어떤가?' 하고 주의를 양쪽 발에 기울입니다. 발에서 느껴지는 모든 느낌을 판단 없이 허용해 봅니다. 어린아이처럼 호기심을 가지고 그냥 있는 그대로 느끼고 알아차려 봅니다.

점차 주의를 크게 확장하여 온몸 전체로 한번 알아차림을 보내 봅니다. 마치 따뜻한 햇볕이 닿는 것처럼 발에서부터 정강이, 무릎에서 허벅지로 서서히 주의를 온몸으로 보내 봅니다. 부드러운 주의력을 발부터 머리끝까지 확장해가면서 온몸 전체를 알아차려 보는 겁니다.

이제 주의력의 범위가 몸 전체로 확장되어 있습니다. 온몸을 감싸고 있는 피부에 공기가 닿는 느낌을 알아차릴 수 있나요? 피부 안쪽에서 다양한 감각이 여기저기 느껴지는 것을 알아차릴 수 있나요? 잘 안느껴진다면 특별한 감각을 느끼려 하는 것이 아니므로 안느껴진다는 사실을 그냥 알고 있으면 됩니다. 온몸으로 부드럽게 주의를 보내면서 온몸을 감싸고 있는 피부에 옷이 닿아있는 느낌이나 방석이 닿는 느낌, 손이나 얼굴에 공기가 닿는 느낌 등 있는 그대로의 느낌을 알아차려 봅니다.

어떤 생각이나 감정에 빠져 마음이 방황해도 괜찮습니다. 그 역시 자연스러운 현상으로 인정하고, 그저 주의를 되돌려 온몸의 감각을 다시 알아차리면 됩니다. 몸이 차지하고 있는 공간 전체에 알아차림을 두고 거기서 일어나고 사라지는 감각 느낌을 그대로 지켜봅니다.

여러분은 지금 호흡, 손, 발, 온몸 등 몸을 알아차리는 마음챙김을 경험했습니다. 몸에 대한 알아차림은 가장 기본적이면서 중요한 마음챙김 수련이 됩니다. 이를 계속해서 연습하면 알아차림의 힘이 선명해집니다. 몸에 대한 마음챙김은 단절되었던 몸과의 연결감을 회복할 수 있게 하며 이를 통해 생각, 감정에 대한 알아차림은 훨씬 수월해집니다.

본질적으로 명상은 시작도 끝도 없고, 명상과 일상 삶은 구분이 없습니다. 마음챙김이 바로 명상의 핵심입니다. 마음챙김은 우리로 하여금 습관적이고 무의식적인 자동조종 모드에서 벗어나 더욱 고요하고 명료한 세상으로 갈 수 있게 도와줍니다. 마음챙김 자각이라는 순수한 의식 속에서 조건화된 습관과 정체성이 해체되고, 우리는 다시 본래의 순수의식을 되찾습니다. 이런 의미에서 명상은 전체성의 회복이라 할 수 있습니다.

명상의 전통과 형식에 너무 압도되지 말고 명상의 핵심을 잘 배우고 이해하면서 꾸준히 실천해 보세요. 어느 순간 '오래된 미래'가 우리 삶에 더욱 풍요롭게 펼쳐질 것으로 기대합니다. 마음챙김으로 더 많은 분들의 삶이 행복해지고 이 세상에도 평화가 가득하길!

**명상과 만나다 – 선지식·지성인과의 만남**

2024년 2월 13일 초판 1쇄 인쇄
2024년 2월 23일 초판 1쇄 발행

**엮은이** 동국대학교 불교학술원 종학연구소
**발행인** 박기련
**발행처** 도서출판 동국

**출판등록** 제2020-000111호(2020. 7. 9.)
**주소** 04626 서울시 중구 퇴계로36길2 신관1층 105호
**전화** 02-2264-4714
**팩스** 02-2268-7851
**홈페이지** http://dgpress.dongguk.edu
**이메일** abook@jeongjincorp.com
**인쇄** 네오프린텍(주)

ISBN  979-11-986311-2-1  (03220)

값 16,000원

이 책의 무단 전재나 복제 행위는 저작권법 제98조에 따라 처벌받게 됩니다.